ネイティブ表現が身につく！

クイズで学ぶ
韓国語

ミリネ韓国語教室代表
金玄謹

JN045635

あさ出版

はじめに

「さっき使った表現、合っていたかな?」

　外国語を学ぶとき、多くの人が正確に表現したいと思うことでしょう。しかし、日本語ネイティブが韓国語を学んである程度の文法や語彙を身につけた時点で、はまりやすい落とし穴があります。

　それは、韓国語と日本語の語順がほぼ同じなので、日本語で自然な表現なら韓国語でも自然な表現だろうと思ってしまうことです。

　私は、2010年に東京で韓国語教室を開き、10年以上韓国語を教えてきました。日本で長く韓国語を教えてみると、年齢や経験とは関係なく、みなさん同じところでつまずくことがわかりました。それこそが、日本語ネイティブだから生じるミスでした。

　学ぶ過程で間違えるのは自然なことですが、それをきちんと認識して直さなければ、同じことを繰り返してしまいます。その間違いが定着してしまうと、あとから直すのはかなり難しいでしょう。

　そこで私は、授業で多くの人が繰り返し間違える部分だけを集め、Twitter（@mirinaejp）で4択のクイズをつぶやくようにしました。Twitterのアンケート機能を使うことで、何パーセントの人が正解したのか、一番間違いやすいところがどこなのかがはっきりわかり、授業をより効果的に進めることができるようになりました。

　それを1冊にまとめたのがこの本です。

　本書では、多くの人が間違える（日本語ネイティブが特に間違いやすい）表現を知ることができます。これだけでも、韓国語能力はぐんと上がるでしょう。

　また、Twitterでは書くことができなかった会話文も追加し、ネイティブの自然な表現をたくさん盛り込み、詳しい解説も加筆しました。

　さらに、「プラスワン！　学習」では一緒に覚えるとよい単語と表現をまとめ、理解しておきたい文法やちょっとした韓国にまつわる話をコラムにしました。

　本書は、初級者が間違いやすい文法から、上級者でなければ触れることのない慣用表現まで幅広く扱っています。

　最初から読むもよし、気になる部分から読むもよしです。机のそばに置いて、勉強の気分転換に1つ選んで解いてみてもよいでしょう。

　試験に受かるための対策本でもないので、勉強中、少し休憩したいときに開くなどして韓国語を学ぶ楽しさを感じていただければ幸いです。

　言語を学ぶのに正しい道はありません。自信を持てるようになるまで努力し続けるのみです。本書が皆さんの韓国語学習の同伴者になることができれば望外の喜びです。

　最後に、本書の刊行にご尽力いただいた編集の方々、あさ出版のみなさんと、同じ教室で仕事しながら会話文の執筆を手伝ってくださった安ミンジョン先生、コラムの執筆を助けてくださった朴多貞先生、また制作にあたってお世話になった、りんどうむくげ工房の迫田英文先生に感謝いたします。

ミリネ韓国語教室代表　金玄謹（キム・ヒョングン）

この本の使い方

●本書は、「問題ページ」(右ページ)と「解説ページ」(左ページ)に分かれています。まず「問題ページ」で会話文を読み、空欄部分にあてはまるものを4択の中から選びましょう。選んだら、「解説ページ」で答え合わせをし、解説を①から順に読むようにしましょう。

●「問題ページ」にある「プラスワン！ 学習」では、問題の会話文内で知っておいたほうがよい表現や単語について解説しています。問題を解いたあとに、ぜひここも学習しましょう。

●本書はSTEPを重ねるごとに問題のレベルが上がりますが、最初から順に読む必要はありません。どのページからでも学べるようになっています。

＜問題ページ＞

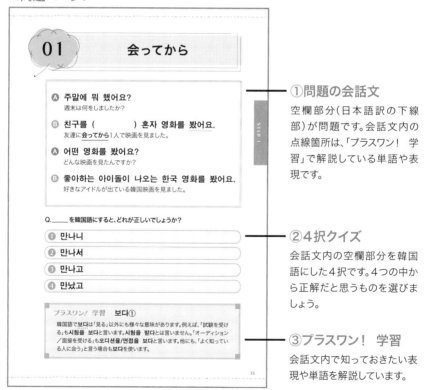

01 会ってから

Ⓐ 주말에 뭐 했어요?
週末は何をしましたか?

Ⓑ 친구를 (　　　　　) 혼자 영화를 봤어요.
友達に**会ってから**1人で映画を見ました。

Ⓐ 어떤 영화를 봤어요?
どんな映画を見たんですか?

Ⓑ 좋아하는 아이돌이 나오는 한국 영화를 봤어요.
好きなアイドルが出ている韓国映画を見ました。

STEP 1

Q.＿＿＿＿を韓国語にすると、どれが正しいでしょうか?

❶ 만나니
❷ 만나서
❸ 만나고
❹ 만났고

プラスワン! 学習　보다①

韓国語で보다には「見る」以外にも様々な意味があります。例えば、「試験を受ける」も시험을 보다と言います。시험을 받다とは言いません。「オーディション/面接を受ける」も오디션을/면접을 보다と言います。他にも、「よく知っている人に会う」と言う場合も보다を使います。

15

---

①問題の会話文

空欄部分(日本語訳の下線部)が問題です。会話文内の点線箇所は、「プラスワン！ 学習」で解説している単語や表現です。

②4択クイズ

会話文内の空欄部分を韓国語にした4択です。4つの中から正解だと思うものを選びましょう。

③プラスワン！ 学習

会話文内で知っておきたい表現や単語を解説しています。

＜解説ページ＞

④正解と正解率

正解率はTwitterのアンケート機能を使用して算出しました（※注：解答者数は問題により異なります）。

⑤解説

正解とともに、他の３つがなぜ間違っているのかについても解説しています。

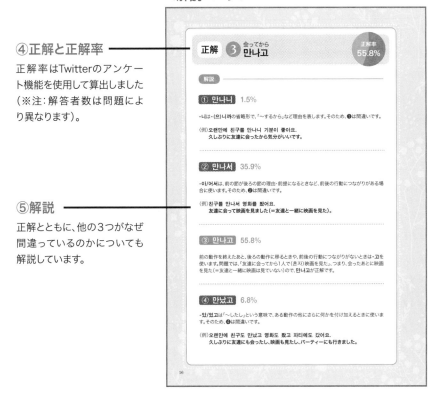

正解 ③ 会ってから 만나고

正解率 55.8%

解説

① 만나니 1.5%

-니は-(으)니까の省略形で、「〜するから」など理由を表します。そのため、❶は間違いです。

(例)오랜만에 친구를 만나니 기분이 좋아요.
久しぶりに友達に会ったから気分がいいです。

② 만나서 35.9%

-아/어서は、前の節が後ろの節の理由・前提になるときなど、前後の行動につながりがある場合に使います。そのため、❷は間違いです。

(例)친구를 만나서 영화를 봤어요.
友達に会って映画を見ました（＝友達と一緒に映画を見た）。

③ 만나고 55.8%

前の動作を終えたあと、後ろの動作に移るときや、前後の行動につながりがないときは-고を使います。問題では、「友達に会ってから1人で(혼자)映画を見た」、つまり、会ったあとに映画を見た（＝友達と一緒に映画は見ていない）ので、**만나고**が正解です。

④ 만났고 6.8%

-았/었고は「〜したし」という意味で、ある動作の他にさらに何かを付け加えるときに使います。そのため、❹は間違いです。

(例)오랜만에 친구도 만났고 영화도 봤고 파티에도 갔어요.
久しぶりに友達にも会ったし、映画も見たし、パーティーにも行きました。

16

※注意

●正解率に影響のない範囲で、よりわかりやすくなるよう、Twitterでの出題時とは問題を一部変更しています。

●本書では、ネイティブがよく使う表現を正解としています。文法的に間違いではないもののネイティブがほぼ使わない不自然な表現は不正解としています。ご了承ください。

●本書の問題は「ハングル検定3級」（ハングル能力検定協会）レベル以上ですが、3級を取得していない方も学ぶのに支障はありません。

目次

STEP 1　まずは押さえたい韓国語表現

7

STEP 2　ネイティブがよく使う表現を身につけよう

STEP 3　自然な韓国語でさらにレベルアップ

STEP 4　これでネイティブにもっと近づく！

協力／金泰植（早稲田大学客員次席研究員）
本文イラスト／さわだりょうこ
本文デザイン・DTP ／李陽紀（LEE DESIGN）

STEP
1

まずは押さえたい
韓国語表現

01 会ってから

Ⓐ 주말에 뭐 했어요?

週末は何をしましたか?

Ⓑ 친구를 (   ) 혼자 영화를 봤어요.

友達に**会ってから**1人で映画を見ました。

Ⓐ 어떤 영화를 봤어요?

どんな映画を見たんですか?

Ⓑ 좋아하는 아이돌이 나오는 한국 영화를 봤어요.

好きなアイドルが出ている韓国映画を見ました。

Q.＿＿＿を韓国語にすると、どれが正しいでしょうか?

① 만나니

② 만나서

③ 만나고

④ 만났고

プラスワン! 学習　보다①

韓国語で**보다**は「見る」以外にも様々な意味があります。例えば、「試験を受ける」も**시험을 보다**と言います。**시험을 받다**とは言いません。「オーディション／面接を受ける」も**오디션을/면접을 보다**と言います。他にも、「よく知っている人に会う」と言う場合も**보다**を使います。

正解	③	会ってから **만나고**	正解率 **55.8%**

解説

① 만나니 1.5%

-니は-(으)니까の省略形で、「〜するから」など理由を表します。そのため、❶は間違いです。

〈例〉오랜만에 친구를 만나니 기분이 좋아요.
　　久しぶりに友達に会ったから気分がいいです。

---

② 만나서 35.9%

-아/어서は、前の節が後ろの節の理由・前提になるときなど、前後の行動につながりがある場合に使います。そのため、❷は間違いです。

〈例〉친구를 만나서 영화를 봤어요.
　　友達に会って映画を見ました(=友達と一緒に映画を見た)。

---

③ 만나고 55.8%

前の動作を終えたあと、後ろの動作に移るときや、前後の行動につながりがないときは-고を使います。問題では、「友達に会ってから1人で(혼자)映画を見た」、つまり、会ったあとに映画を見た(=友達と一緒に映画は見ていない)ので、**만나고**が正解です。

---

④ 만났고 6.8%

-았/었고は「〜したし」という意味で、ある動作の他にさらに何かを付け加えるときに使います。そのため、❹は間違いです。

〈例〉오랜만에 친구도 만났고 영화도 봤고 파티에도 갔어요.
　　久しぶりに友達にも会ったし、映画も見たし、パーティーにも行きました。

見て

Ⓐ **왜 한국어를 공부해요?**
なぜ韓国語を勉強しているのですか?

Ⓑ **한국 드라마를 (   ) 한국을 좋아하게 됐어요. 그래서 한국어에도 관심이 생겼어요.**
韓国ドラマを見て韓国のことが好きになったんです。
それで、韓国語にも関心を持つようになりました。

Ⓐ **추천하는 드라마가 있어요?**
おすすめのドラマはありますか?

Ⓑ **정말 많아요. 어떤 장르를 좋아해요?**
本当にたくさんあります。どんなジャンルが好きですか?

Q._____を韓国語にすると、どれが正しいでしょうか?

① **봐서**

② **보고**

③ **보니까**

④ **보니**

プラスワン! 学習　관심이 생기다

관심이 생기다は「関心を持つようになる」という意味ですが、誰かを好きになったときの「気になる」「気がある」という場合にも使います。また、「関心を持つ」は관심을 가지다と言います。例えば「私にちょっと関心持ってよ」は나한테 관심 좀 가져と言います。

解説

① 봐서 21.9%

-아/어서は前の節が後ろの節の理由・前提になるときなど、前後の行動につながりがある場合に使います。そのため、文法として間違いではありませんが、前の節が後ろの節の判断やきっかけになる場合で、前の節の動詞が**보다**を含むいくつかの動詞の場合のみは、**-고**を使うのが自然です。

〈例〉나도 그 드라마를 **봐서** 내용을 잘 알아요.
　　　私もそのドラマを見て(見たので)内容がよくわかります。

---

② 보고 58.4%

後ろの節の動作の判断やきっかけになる場合で、前の節の動詞が**보다**を含むいくつかの動詞の場合のみ、**-고**を使います。代表的なのは、**보다/읽다/듣다/(냄새를)맡다/포기하다**などです。この5つは、日本語ネイティブが特に間違いやすいので、覚えておきましょう。

〈例〉유투브에서 그 가수의 노래를 **듣고** 팬이 됐어요.
　　　YouTubeでその歌手の歌を聞いてファンになりました。

---

③ 보니까 7.5%

「**-(으)니까**」は、前の節を理由や根拠に、後ろの節で相手に提案をしたり呼びかけたりする場合に使います。

〈例〉영화를 **보니까** 극장으로 오세요.　映画を見るので映画館に来てください。

---

④ 보니 12.2%

「**-(으)니**」は「**-(으)니까**」の省略形です。❸と同様に、前の節を理由や根拠に、後ろの節で相手に提案をしたり呼びかける場合に使います。

〈例〉저도 그 드라마를 **보니**(=보니까) 다 보고 나면 이야기합시다.
　　　私もそのドラマを見ているので、全部見終わったら話しましょう。

03

聞いて(驚いた)／
聞いて(知っていた)

Ⓐ 나 그 둘이 사귄다는 이야기 가:(   )
놀랐는데, 들었어?

私、あの2人が付き合っているって**聞いて**驚いたんだけど、聞いた?

Ⓑ 나는 이미 나:(   ) 알고 있었는데,
별로 놀랍지 않아.

私はすでに**聞いて**知っていたから別に驚かなかったわよ。

Ⓐ 그래도 두 사람은 사이가 안 좋았잖아.

でも2人、仲がよくなかったじゃない。

Ⓑ 원래 남녀 관계는 어떻게 될지 모르는 거야.

もともと男女関係はどうなるかわからないものよ。

Q. _____ を韓国語にすると、どれが正しいでしょうか?

① 가: 듣고   / 나: 듣고

② 가: 듣고   / 나: 들어서

③ 가: 들어서 / 나: 들어서

④ 가: 들어서 / 나: 듣고

プラスワン! 学習　사귀다

사귀다は基本的に「恋愛する」という意味で使いますが、「友達と付き合う」という場合も**친구와 사귀다**と言います。「買い物に付き合う」など「一緒に行く」という意味で使う「付き合う」は、**사귀다**ではなく**같이 가다**と言うので注意しましょう。

| 正解 | 2 | 聞いて（驚いた）／聞いて（知っていた）
가: 듣고 / 나: 들어서 | 正解率
48.5% |

解説

① **가: 듣고 / 나: 듣고** 9.8%

後ろの節の動作の判断やきっかけになる場合で、前の節の動詞が**보다**を含むいくつかの動詞の場合のみ、**-고**を使います。代表的なのは、**보다/읽다/듣다/(냄새를)맡다/포기하다**などです。**가**は「聞いて（それがきっかけで）驚いた」ため、**듣고**が正解です。しかし、**나**の「聞いて」は、「すでに知っていた」理由を表しているため、**듣고**を使うのは不自然です。

〈例〉그 노래를 듣고 충격을 받았다.
　　　その歌を聞いてショックを受けた。

---

② **가: 듣고 / 나: 들어서** 48.5%

나の「聞いて」は、すでに知っていた理由にあたります。前の節が後ろの節の理由・前提になるときなど、前後の行動につながりがある場合は**-아/어서**を使います。そのため、**②**が正解です。

〈例〉그 뉴스는 들어서 알고 있어요.
　　　そのニュースは聞いて知っています。

---

③ **가: 들어서 / 나: 들어서** 11%

나は合っていますが、**가**が合っていないため、間違いです。

---

④ **가: 들어서/ 나: 듣고** 30.7%

가も**나**も合っていないため、間違いです。

04 （人が）多かったから/ あきらめて

A 오늘 뭐 했어?

今日何した？

B 별거 안 했어.

特に何もしなかったよ。

A 밖에 안 나갔어?

外に出なかったの？

B 세일이라서 백화점에 갔는데 사람이

가:(   )나:(   ) 그냥 돌아왔어.

セールだから百貨店に行ったんだけど、人が**多かったからあきらめて**帰ってきたよ。

Q. ＿＿＿を韓国語にすると、どれが正しいでしょうか？

① 가: 많았으니까 / 나: 포기해서

② 가: 많아서　　/ 나: 포기해서

③ 가: 많았으니까 / 나: 포기하고

④ 가: 많아서　　/ 나: 포기하고

プラスワン！ 学習　별거

별거は**별것**の口語で、「特別なこと」「大したこと」という意味です。ちなみに、似た言葉で**별일**があります。「お元気ですか？」をよく**별일 없어요?**と言いますが、これは「特別なこと」「大変なこと」はないか聞いています。なければ**별일 없어요**と答えると「元気です」というあいさつになります。

正解 **④** (人が)多かったから／あきらめて
가: 많아서 / 나: 포기하고

正解率 **54.9%**

解説

① 가: 많았으니까 / 나: 포기해서 20.1%

-았/었으니까のあとには、主にすでに起きたことを根拠に未来を予測する内容が続きます。そのため、**가**の**많았으니까**は間違いです。

〈例〉공부를 많이 했으니까 합격할 거예요.
　　たくさん勉強をしたから、合格するでしょう。

また、前の節の動作が後ろの節の動作の判断やきっかけになっていて、前の節の動詞が**포기하다**を含むいくつかの動詞の場合のみ、**-고**を使います。代表的なのは、**보다/읽다/듣다/(냄새를)맡다/포기하다**などです。そのため、**포기해서**も不自然です。

- -

② 가: 많아서 / 나: 포기해서 13.5%

-아/어서は前の節が後ろの節の理由・前提になるときなど、前後の行動につながりがある場合に使いますが、その他にも、過去のある事実を淡々と述べるときにも使います。**많아서**は合っていますが、**포기해서**が不自然なため、**②**は間違いです。

〈例〉사람이 많아서 장보기가 힘들었어요.
　　人が多かったので、買い物するのに大変でした。

- -

③ 가: 많았으니까 / 나: 포기하고 11.5%

❶で解説したように、前の節の動作が後ろの節の動作の判断やきっかけになる場合は**-고**を使います。**포기하고**は合っていますが、**많았으니까**が間違っているため、**③**は間違いです。

〈例〉시간이 늦어서 영화 보기를 포기하고 식사를 했어요.
　　時間が遅いので映画を観るのをあきらめて食事をしました。

- -

④ 가: 많아서 / 나: 포기하고 54.9%

가も**나**も合っているので、**④**が正解です。

05 お返事いただきたいです

(A) 바쁘세요?

お忙しいですか?

(B) 네, 조금요. 무슨 일이세요?

はい、少し。何のご用件ですか?

(A) 한 시간 전에 연락드린 건에 대해서
메일로 (   ).

1時間前にご連絡した件について、メールで**お返事いただきたいです。**

(B) 알겠습니다. 조금만 기다려 주세요.

わかりました。少しだけお待ちください。

Q.＿＿＿＿を韓国語にすると、どれが正しいでしょうか?

① 대답해 주세요

② 대답을 주시면 좋아요

③ 답장을 듣고 싶어요

④ 답장을 주시면 좋겠어요

プラスワン！ 学習　조금

조금は「少し」「ちょっと」という意味で、口語では좀とも言います。【例：좀 도와주시겠어요? ／ちょっと手伝ってもらえますか?】。また、하다と一緒に使うと、「なかなか」「かなり」「上手だ」「上手い」という意味になります。【例：요리 좀 하시네요／料理が上手いですね】

STEP 1

④

お返事いただきたいです
답장을 주시면 좋겠어요

正解率
63.8%

解説

① 대답해 주세요 17.4%

대답は「返事」という意味ですが、声で答えるときにのみ使い、メールなどでは使わないことが多いです。

〈例〉묻는 말에 지금 대답해 주세요.
　　　聞いていることに今答えてください。

② 대답을 주시면 좋아요 6.5%

❶と同様に、声で答えるときにのみ使えるため、間違いです。

③ 답장을 듣고 싶어요 12.3%

답장は手紙やメールでのみ使うため、「聞く」と一緒には使えません。

〈例〉그 사람의 목소리를 듣고 싶어요.
　　　その人の声が聞きたいです。

　　　당신의 대답을 듣고 싶어요.
　　　あなたの返事が聞きたいです。

④ 답장을 주시면 좋겠어요 63.8%

-면 좋겠어요は「～してほしいです」という意味で、相手に何かを頼むときに使います。そのため、❹が正解です。希望や願望の意味となる-겠は必要なので落ちないように注意しましょう。

〈例〉여기에 써 주시면 좋겠어요.
　　　ここに書いていただきたいです。

　　　답장은 되도록 빨리 써 주시면 좋겠어요.
　　　返事はなるべく早く書いていただければと思います。

今でも覚えています

Ⓐ **이 편지, 아직도 가지고 있어요?**
この手紙、まだ持っているんですか？

Ⓑ **첫사랑의 추억이 가득 담겨서요.**
初恋の思い出が詰まっていますので。

Ⓐ **너무 오래된 이야기잖아요.**
あまりに昔の話じゃないですか。

Ⓑ **그래도 저는 그의 얼굴을 (　　　　　　　　).**
でも、私は彼の顔を**今でも覚えています**。

STEP 1

Q.＿＿＿を韓国語にすると、どれが正しいでしょうか？

① **지금도 외우고 있어요**

② **지금도 기억하고 있어요**

③ **지금이라도 기억하고 있어요**

④ **지금이라도 외우고 있어요**

プラスワン！学習　**첫**

「初」は韓国語で**첫**と言います。韓国語では**첫**に特別な意味を与えることが多いです。「初恋」は**첫사랑**、「初雪」は**첫눈**、「一目惚れする」は**첫눈에 반하다**と言います。また、「始発電車」は**첫차**、「第一子」のことを**첫째**、「1歳の誕生日」を**첫돌**、「はじめの一歩」を**첫걸음**と言います。

② 今でも覚えています

지금도 기억하고 있어요

解説

① 지금도 외우고 있어요 2.3%

「今でも」「今も」「未だに」は**지금도**と言うため、**지금도**は正しいです。しかし、**외우다**は数字・単語などを暗記するときに使い、顔や出来事を覚えるときには使わないため、❶は間違いです。

〈例〉스마트폰을 쓰고 나서 가족의 전화번호를 못 외우고 있어요.
　　スマートフォンを使うようになってから家族の電話番号を覚えていません。

② 지금도 기억하고 있어요 64.5%

顔や出来事を覚えている場合は**기억하다**を使います。**지금도**も正しいので、❷が正解です。

〈例〉딸의 입학식을 지금도 기억하고 있어요.
　　娘の入学式を今でも覚えています。

③ 지금이라도 기억하고 있어요 31.1%

기억하고 있어요は正しいですが、**지금이라도**が正しくありません。**지금이라도**は、「今からでも(すぐに)」という意味で、「(今からでもすぐに) ～できる」「(今からでもすぐに) ～しなくちゃ」などと一緒に使います。

〈例〉그런 요리는 지금이라도 가능합니다.
　　そういう料理は今からでも可能です。

　　지금이라도 갔다 와야겠어요.
　　今からでも行ってこなくちゃ。

④ 지금이라도 외우고 있어요 2.1%

지금이라도も**외우고 있어요**も合っていないため、間違いです。

07 （香水を）つけてきて いないんですよ

ⓐ 언제 왔어요?

いつ来たんですか？

ⓑ 아까부터 있었는데요.

さっきからいましたよ。

ⓐ 미오 씨가 오면 항상 좋은 향기가 나는데
오늘은 못 느꼈어요.

ミオさんが来たら、いつもよい香りがするのに、今日はしませんでした。

ⓑ 아～, 오늘 향수를 (   ).

ああ、今日は香水を**つけてきていないんですよ**。

Q.＿＿＿を韓国語にすると、どれが正しいでしょうか？

① 안 뿌려서 왔어요

② 안 뿌려 왔어요

③ 안 뿌리고 왔어요

④ 뿌리지 않아 왔어요

プラスワン！ 学習　**향기가 나다**

「香りがする」を**향기가 하다**とは言いません。**향기가 나다**と言い、「匂いがする」も**냄새가 나다**と言います。例えば、「怪しい匂いがする」は**수상한 냄새가 나다**と言います。**냄새**は**내**とも言い、**비린내**（生臭い匂い）、**구린내**（悪臭）などの単語があります。

3 （香水を）つけてきていないんですよ
안 뿌리고 왔어요

正解率
51.6%

解説

① 안 뿌려서 왔어요 10.4%

-아/어서は、主に前の節が後ろの節の理由・前提になるときに使いますが、ある状態が続いていることを表すときにも使います。しかし、身につけるものの場合は**-고**を使うので、❶は間違いです。

〈例〉향수를 뿌려서 기분이 좋았다.
香水をつけたので気分がよかった。
※気分がよい理由＝香水をつけたから。そのため뿌려서でOK。

② 안 뿌려 왔어요 28.3%

-아/어 오다は「～してくる」という意味の他、「～した何かを手に持ってくる」という意味もあります。香水などを服につけてくることにはあたらないため、❷は間違いです。

〈例〉케이크를 만들어 왔어요.
ケーキを作ってきました（＝ケーキを作ってそれを持ってきた）。

③ 안 뿌리고 왔어요 51.6%

-고 오다는밥을 먹고 오다(ご飯を食べて来る)のように順序を表す場合以外にも、「～したまま来る」「～した状態で来る」という意味でも使います。**안 -고 오다**は「～せずに来る」という意味になるため、❸が正解です。ちなみに、**안 뿌리고 오다**(つけずに来る)は、**안 뿌린 채 오다**(つけないまま来る)に置き換えることもできます。

〈例〉점심을 안 먹고 왔어요.
お昼ご飯を食べずに来ました。

④ 뿌리지 않아 왔어요 9.7%

-지 않아 오다という言葉はありません。**뿌리지 않아**を**뿌리지 않고**に変えれば正解になります。**안 뿌리고 오다、안 뿌린 채 오다、뿌리지 않고 오다**はすべて同じ意味です。

08 あると思う

Ⓐ 너무 배고파. 먹을 것 좀 없어?

すごくお腹が空いた。食べるものない?

Ⓑ 글쎄. 냉장고 안에 봤어?

う～ん。冷蔵庫の中、見た?

Ⓐ 아무 것도 없어. 라면은 있어?

何もないの。ラーメンはある?

Ⓑ 아마 한 두 개쯤 (　　　　　).

たぶん1～2個くらい**あると思う**。

Q._____を韓国語にすると、どれが正しいでしょうか?

① 있는 거 같아

② 있을 생각이야

③ 있다고 생각해

④ 있을 거라고 생각해

プラスワン! 学習　글쎄

글쎄はなんと答えればいいか迷ったときに使います。日本語の「さあ」「どうだろ」にあたります。よくわからないときは글쎄/글쎄요と言うといいでしょう。また、글쎄は驚いたときの「なんと」という意味で使うときもあります。【例:그 가방이 글쎄 10만엔이나 해요/そのかばんがなんと10万円もするんです】

正解 ④ あると思う 있을 거라고 생각해

正解率 23.5%

解説

① 있는 거 같아 54%

-는 거 같다は「〜と思う」「〜のようだ」という意味ですが、**아마**と一緒に使う場合は、**있을 거 같아**とするのが正しいです。日本語では「たぶん」のあとにくる述語は現在形でいいのですが、韓国語では**아마**のあとは必ず推測の表現にしなければなりません。

〈例〉이 가게는 맛있는 거 같아.　　　この店はおいしいと思う。
　　　그 물건은 별로 안 좋은 거 같다.　その商品はあまりよくないと思う。

② 있을 생각이야 4.4%

-ㄹ/을 생각이다は「〜するつもりだ」という意味で意志を表すので、「(ラーメンがたぶん1〜2個くらい)あるつもりだ」となり、不自然です。

〈例〉나 거기 있을 생각이야.　私はそこにいるつもり。

③ 있다고 생각해 18.1%

-다고 생각하다は「〜と思う」「〜と考える」という意味のため一見正しいように見えます。しかし、自分の意見を断定的に述べるときに使う表現のため、**아마**のあとに使う推測表現としては不自然です。

〈例〉그건 다르다고 생각해.　それは違うと思う。

④ 있을 거라고 생각해 23.5%

問題のセリフは「たぶん」が付く推測の文です。そのため、推測を表す**-ㄹ/을 거라고**を使った④が正解です。**-ㄹ/을 거라고 생각해**は**-ㄹ/을 거야**や**-ㄹ/을 거 같아**にも置き換えられます。

〈例〉집에 아마 그 책이 있을 거라고 생각해.　家にたぶんあの本があると思うよ。
　　　＝집에 아마 그 책이 있을 거야.
　　　＝집에 아마 그 책이 있을 거 같아.

09 降らなければいいな

> Ⓐ **주말에 나들이 갈까?**
> 週末、出かけようか？
>
> Ⓑ **어디로 갈 건데?**
> どこに行く？
>
> Ⓐ **바다 근처에서 회도 먹고 카페에서 커피도 마시자.**
> 海の近くで刺身を食べて、カフェでコーヒーも飲もう。
>
> Ⓑ **와, 기대된다. 주말에 비가 (　　　　　　　　).**
> わぁ、楽しみ。週末、雨が**降らなければいいな。**

Q. _____ を韓国語にすると、どれが正しいでしょうか？

① **안 오면 좋다**

② **안 왔으면 싶다**

③ **안 오면 싶다**

④ **안 왔으면 좋다**

プラスワン！学習　**기대되다**

기대하다（期待する）には、「楽しみにする」という意味もあります。そのため、**기대되다**は「楽しみだ」という意味になります。【例：**내일 콘서트 정말 기대돼요**／明日のコンサート、本当に楽しみです】。「すごく期待している」場合は**기대 만빵**（満タン）とも言います。

解説

① **안 오면 좋다** 30.4%

-면 좋다は「〜するといい」という意味で「物事のよい・悪い」を判断するときに使います。問題は「〜するといいな」と希望や願望を表しているため、❶は不自然です。希望や願望を表す-겠を付けて、**안 오면 좋겠다**に変えると「降らなければいいな」となり、自然なセリフになります。

〈例〉매일 운동을 하면 좋아요.　毎日運動をするといいです。

---

② **안 왔으면 싶다** 15.6%

希望や願望を表す「〜ればいいな」は、一般的に-면 좋겠다や-았/었으면 좋겠다と言いますが、これらは-았/었으면 싶다や-았/었으면 하다に置き換えられます。そのため、❷が正解です。

〈例〉그가 안 오면 좋겠어.　彼が来なかったらいいな。
　　 = 그가 안 왔으면 싶어.
　　 = 그가 안 왔으면 해.

---

③ **안 오면 싶다** 6.8%

-면 싶다とは言わないため、❸は間違いです。

---

④ **안 왔으면 좋다** 47.2%

-면 좋다は「〜するといい」という意味で、この言葉自体には希望や願望の意味がなく「物事のよい・悪い」を判断するときに使います。そのため、❶と同様、不自然です。希望や願望を表す-겠を付けて、**안 왔으면 좋겠다**にすると正解になります。ちなみに、「雨が降る」を비가 내리다とも言いますが、これは文章でよく使い、비가 오다は日常的に会話でよく使う表現です。

〈例〉오히려 나는 그 사람이 안 오면 좋아.　むしろ私は、その人が来なければいい。

10 来られないと思います

Ⓐ 수고하셨습니다.
내일도 병원에 같은 시간에 오세요.
おつかれさまでした。明日も病院に同じ時間に来てください。

Ⓑ 내일은 급한 일이 있어서 (　　　　　　).
明日は急ぎの用事があって**来られないと思います**。

Ⓐ 그래요? 그럼 모레 오세요.
そうですか。では、明後日来てください。

Ⓑ 네, 알겠습니다.
はい、わかりました。

Q.＿＿＿を韓国語にすると、どれが正しいでしょうか？

① 못 올 수 있어요

② 못 오는 수도 있어요

③ 못 올 것 같아요

④ 못 오는 것 같아요

プラスワン！ 学習　**내일**

「**그그저께(그끄제)**／3日前」「**그저께(그제)**／一昨日」「**어제**／昨日」「**오늘(금일)**／今日」「**내일**／明日」「**모레**／明後日」「**글피**／明々後日」「**지지난달**／先々月」「**지난달**／先月」「**이번달**／今月」「**다음달**／来月」「**다다음달**／再来月」「**지지난해**／一昨年」「**지난해(작년)**／昨年」「**올해**／今年」「**내년**／来年」「**내후년**／再来年」

33

① 못 올 수 있어요 6.8%

못 -ㄹ/을 수 있다は「〜できない可能性がある」「〜かもしれない」という意味のため、まだ状況がはっきりわからないときに使います。問題では、明日は来ることができないと控えめながらもきちんと伝えているので、❶は不自然です。

〈例〉지각하면 시험을 못 볼 수 있습니다.
　　　遅刻したら試験を受けられない可能性があります。

② 못 오는 수도 있어요 1.1%

못 -는 수도 있다は「〜しないこともある」という意味のため、**못 오는 수도 있어요**は「来られないこともあります」となります。来られるかどうかわからないのは、問題のセリフの訳としては不自然です。

〈例〉그렇게 놀면 다치는 수가 있다.
　　　そんなふうに遊ぶと怪我をするかもしれないよ。

③ 못 올 것 같아요 82.3%

못 -ㄹ/을 것 같다は、「〜できそうにない」「〜ができないと思う」という意味です。そのため、❸が正解です。

〈例〉내일은 바빠서 파티에 못 갈 것 같아요.
　　　明日は忙しいのでパーティーに行けそうにありません。

④ 못 오는 것 같아요 9.8%

못 -는 것 같다は「〜ができないと思う」という意味で、主に第三者について話すときに使うことができます。自分のことにはあまり使えないので、注意が必要です。

〈例〉그 사람은 요리를 못 하는 것 같아요.
　　　その人は料理ができないと思います。

11 やっていないよ

ⓐ **누가 바닥에 물을 쏟았어? 너지?**
誰が床に水をこぼしたの？　あなたでしょ？

ⓑ **아니야.**
違うよ。

ⓐ **아까 너 물 마시는 거 봤어.**
さっき、あなたが水を飲むのを見たわ。

ⓑ **그래도 나는 (　　　　　　　　).**
それでも僕は__やっていないよ__。

Q. _____を韓国語にすると、どれが正しいでしょうか？

① **하지 않아**

② **하지 않았어**

③ **하지 않고 있어**

④ **하고 있지 않았어**

プラスワン！ 学習　**쏟다**

쏟다は「こぼす」「注ぐ」という意味ですが、大量の水をこぼしたときは**쏟다**を使い、少しだけこぼした場合は**흘리다**を使います。「力を注ぐ」も**힘을 쏟다**と言います。【例：**작품 활동에 힘을 쏟고 있어요**／小説の執筆に力を注いでいます】。ちなみに、「（お金を）注ぎ込む」は**쏟아 붓다**と言います。

35

正解 ② やっていないよ 하지 않았어

正解率 **59.7%**

解説

① 하지 않아 19.7%

-지 않다は「（もともと）～しない」という意味のため、❶は間違いです。

〈例〉나는 고기는 먹지 않아.
　　　私は（もともと）肉は食べない。

② 하지 않았어 59.7%

-지 않았다は「～しなかった」「～していない」という意味で、ある過去の時点のことについて話すときに使います。そのため、❷が正解です。

〈例〉학교는 졸업하지 않았어.
　　　学校は卒業していない。

③ 하지 않고 있어 7.6%

-지 않고 있다は「～しないでいる」という意味で、ある動作を一旦中止した状態を表します。そのため、❸は間違いです。

〈例〉엄마가 오면 같이 먹으려고 아직 케이크를 먹지 않고 있어.
　　　お母さんが来たら一緒に食べようと思って、まだケーキを食べていないの（＝食べないでいる）。

④ 하고 있지 않았어 13%

-하고 있지 않았어は「～しないでいた」という意味で、「（過去のある時点では）そういう行動をしていない」ということを強調した言い方です。そのため、❹は間違いです。

〈例〉그때 나는 일을 하고 있지 않았어.
　　　あのとき、私は仕事をしていなかった（＝しないでいた）。

　　　저는 그 시간에 식사를 하고 있지 않았어요.
　　　私はその時間に食事をとっていませんでした（＝とらずにいました）。

12 学生時代に よく行っていたんです

Ⓐ **그 가게가 문을 닫는대요.**
あのお店、閉店するんですって。

Ⓑ **50년도 더 된 가게인데 아쉽네요.**
50年以上もやってきたお店なのに残念ですね。

Ⓐ **네, 그 가게는 (　　　　　　　　　　　　).**
はい、そのお店、**学生時代によく行っていたんです。**

Ⓑ **그렇군요. 저도 정말 아쉬워요.**
そうなんですね。私もとても残念です。

Q. _____を韓国語にすると、どれが正しいでしょうか？

❶ 학생 시절에 자주 갔었어요

❷ 학생 시대에 자주 가고 있었어요

❸ 학생 시절에 자주 가 있었어요

❹ 학생 시대에 자주 가고 있어요

プラスワン！ 学習　문을 닫다

韓国で電車が出発する前に「**출입문**(出入門) **닫습니다**／ドアを閉めます」というアナウンスが流れますが、**문을 닫다**は「閉店する」と言うときも使います。ただし、鍵をかける場合は**문을 잠그다**が正しいです。【例：**창문을 닫으면 꼭 잠그세요**／窓を閉めたら必ず鍵をかけてください】

37

正解 ① 学생 시절에 자주 갔었어요

正解率 58.7%

解説 ───────────────────────────

① 학생 시절에 자주 갔었어요 58.7%

過去のあるときの習慣について話すときは、過去完了形の-았/었었다を使うのが正しいので、❶が正解です。

〈例〉고교 시절에는 시험 때 항상 밤을 새웠었어요.
　　　高校時代は試験のときにいつも徹夜をしていました。

┄┄┄┄┄┄┄┄┄┄┄┄┄┄┄┄┄┄┄┄┄┄┄┄┄┄┄┄┄┄┄┄┄┄┄┄┄┄┄

② 학생 시대에 자주 가고 있었어요 26.4%

-고 있었다は特定の瞬間に何をしていたかを説明するときにだけ使うため、❷は間違いです。また、学生時代は학생 시대とは言わず학생 시절と言うので、注意しましょう。

〈例〉지진이 났을 때 밥을 먹고 있었어요.
　　　地震が起きたとき、ご飯を食べていました。

┄┄┄┄┄┄┄┄┄┄┄┄┄┄┄┄┄┄┄┄┄┄┄┄┄┄┄┄┄┄┄┄┄┄┄┄┄┄┄

③ 학생 시절에 자주 가 있었어요 10.9%

가 있다は「行っている」という意味で、すでにそこに到着しているときに使うため、❸は間違いです。

〈例〉늦지 않으려고 미팅 시간 전에 미리 가 있었어요.
　　　遅れないようにミーティングの時間の前にあらかじめ行っていました。

┄┄┄┄┄┄┄┄┄┄┄┄┄┄┄┄┄┄┄┄┄┄┄┄┄┄┄┄┄┄┄┄┄┄┄┄┄┄┄

④ 학생 시대에 자주 가고 있어요 4%

-고 있다は「(今)~している」、または「(習慣的に)~している」という意味なので、過去の時期を表す「学生時代(학생 시절)」と一緒に使うことはできません。そのため、❹は間違いです。

〈例〉집 근처 쇼핑몰에 지금 가고 있어요.
　　　家の近くのショッピングモールに今向かっています。

　　　그 라면 가게는 자주 가고 있어요.
　　　そのラーメン屋にはよく行っています。

13 着ている人

Ⓐ **남자 친구 생겼다고 들었어. 누구야?**
彼氏ができたって聞いたわよ。誰なの？

Ⓑ **저기 회색 양복을 (　　　　　)이 남자 친구.**
あそこにいる、グレーのスーツを**着ている人**が彼。

Ⓐ **와～, 잘생겼네. 어디서 만났어?**
わ～、イケメンね。どこで出会ったの？

Ⓑ **친구가 소개해 줬지.**
友達が紹介してくれたのよ。

Q. _____を韓国語にすると、どれが正しいでしょうか？

① 입고 있던 사람

② 입는 사람

③ 입을 사람

④ 입은 사람

プラスワン！ 学習　**잘생기다**

잘생기다（かっこいい）は必ず「過去形」で使います。【例：**그 사람이 잘생겼어요**／その人はかっこいいです】。過去形で使う表現は他にも、**닮다**（似る）があります。【例：**엄마랑 딸이 닮았네요**／お母さんと娘さんが似ていますね】。ちなみに、「素敵だ」は**멋지다**、「おしゃれだ」は**멋있다**と言います。

正解 ④ 着ている人 / 입은 사람

正解率 40.7%

解説

① 입고 있던 사람 6.5%

입고 있던は「(あのとき)着ていた」という意味で、今は着ているかどうかわからないため、❶は不自然です。

〈例〉그때 빨간 옷 입고 있던 사람 기억 나요?
　　　あのとき、赤い服を着ていた人を覚えていますか?

---

② 입는 사람 50.3%

입는は「普段好んで着る」というニュアンスがあります。しかし、目の前にいる人に対して**입는**と言う場合は、「今服を着ている途中の人」という意味になります。問題では**저기**とあり、目の前にいる人について話しているので❷は不自然です。

〈例〉청바지를 주로 입는 사람이 타겟입니다.
　　　デニムを主にはく人がターゲットです。

---

③ 입을 사람 2.5%

입을は「これから着る予定の」という意味のため、❸は間違いです。

〈例〉파티에서 이 옷을 입을 사람은 누구예요?
　　　パーティーでこの服を着る人は誰ですか?

---

④ 입은 사람 40.7%

입은は、「着た」「着ている」という意味のため、❹が正解です。韓国語の過去形には、過去のある時点から今もその状態が続いているという意味が含まれます。**입고 있는**もよいですが、**입고 있는**は今まさに着きつつあるという意味もあるので、**입은**が最も自然です。

〈例〉스웨터를 입은 사람이 대표입니다.
　　　セーターを着ている人が代表です。

14 お持ちですか？

A 이 소주 얼마예요?

この焼酎、いくらですか？

B 죄송하지만 신분증을 (　　　　　　)

すみませんが、身分証を**お持ちですか？**

A 여기 있어요, 저 성인인데요.

どうぞ、私、成人ですよ。

B 감사합니다. 손님이 너무 <u>어려</u> 보여서요.

ありがとうございます。お客様があまりに若く見えたので。

Q.＿＿＿を韓国語にすると、どれが正しいでしょうか？

1 가지세요?

2 가지고 있나요?

3 가져 계세요?

4 가지고 계세요?

プラスワン！ 学習　　어리다

儒教の影響が強い韓国では年上と年下をしっかり区別します。年に関する表現はしっかり覚えておきましょう。「**나이가 많다**／年をとっている」「**나이가 적다**／若い」「**나이가 어리다**／年下だ、幼い」「**나이를 들다**（=먹다）／年をとる」。【例：**저는 걔보다 나이가 많아요**／私はあの子より年が上です】

お持ちですか？
가지고 계세요?

正解率
64.2%

解説

① 가지세요? 8.2%

가지다に-세요が付いた가지세요の場合は、「持ちなさい＝あげます」という意味になるため、**❶**は間違いです。

〈例〉이거 드릴 테니까 가지세요.
これ差し上げますから、お持ちください。

② 가지고 있나요? 12.4%

가지고 있다は「持っている」という意味なので、가지고 있나요?は「持っていますか？」という意味になります。文法的には間違いではありませんが、敬語であるもののお客さんに対する尊敬語ではないため、この問題の答えとしては不自然です。

〈例〉신용카드를 가지고 있나요?
クレジットカードを持っていますか？

③ 가져 계세요? 15.2%

가지다は他動詞なので自動詞に付く-아/어 있다と一緒には使えません。なので-아/어 있다の尊敬語である-아/어 계시다の形の가져 계시다も間違いです。

④ 가지고 계세요? 64.2%

「持っている」の가지고 있다をお客さんに対する尊敬語にすると가지고 계시다になります。そのため、**❹**が正解です。

〈例〉장 바구니 가지고 계세요?
買い物袋をお持ちですか？

緊張する

A 와~, 오늘 멋있게 입었네.
わあ、今日の服、かっこいいね。

B 오늘 면접이라서 아주 (　　　　).
今日面接だからすごく**緊張する**。

A 잘할 수 있을 거야. 걱정 마.
うまくいくよ。心配いらないよ。

B 그래, 행운을 빌어 줘.
うん、幸運を祈ってて。

Q.＿＿＿を韓国語にすると、どれが正しいでしょうか?

1 긴장되

2 긴장함

3 긴장돼

4 긴장해

プラスワン! 学習　**빌다**

빌다は「祈る」ですが、「願い事をする」も소원을 **빌다**と言います。ちなみに、「運がいい・悪い」は**운이 좋다・나쁘다**と言い、「ツイている・ツイてない」は**재수가 있다・없다**と言います。【例:오늘은 지갑도 잃어버리고 재수가 없어요／今日は財布もなくしてツイてないです】

正解 ③ 緊張する 긴장돼

正解率 **58.2%**

解説

① 긴장되 10%

긴장되は긴장되다(긴장되+다)の語幹です。文章を語幹で終えることはできないため、❶は間違いです。タメ口で終わらせる場合、語尾は必ず**-아/어**形にしないといけないため**긴장되+어=긴장돼**とするのが正しいです。

② 긴장함 7%

用言の語幹に**(으)ㅁ**をつけると名詞になります。用言の名詞形は、お知らせやメモで使われる場合があります。**긴장함**も**긴장하다**の名詞形のため、❷も間違いです。

〈例〉メモ:숙제는 아까 다 함.　　宿題はさっき全部した。
　　お知らせ:빈방 있음　　　　空き部屋あり

③ 긴장돼 58.2%

「緊張する」(現在形)を一人称で使う場合は、**긴장하다**ではなく、**긴장되다**を使います。**긴장되**に**어**が付いた❸が正解です。

〈例〉내일 발표해야 되는데 긴장됩니다.
　　明日プレゼンをしなければならないのに緊張します。

④ 긴장해 24.8%

一人称、且つ今の状態を表すとき、**긴장하다**(現在形)は使わないため、**긴장해**、**긴장해요**は間違いです。普段なんらかの条件下で緊張することを伝えるときは、現在形でも使えます。また、一人称の場合であっても、**긴장하고 있다**(現在進行形)、**긴장했다**(過去形)は使います。

〈例〉나는 면접 때면 긴장해요.　　私は面接のとき、緊張するんです。
　　나는 지금 긴장하고 있어요.　私は今緊張しています。

16 何度でも

Ⓐ **이 티켓은 어떻습니까?**
このチケットはどうですか?

Ⓑ **뭐가 다른데요?**
何が違うんですか?

Ⓐ **이 티켓은 기간 중에 (   ) 쓸 수 있습니다.**
このチケットは期間中、**何度でも**使えます。

Ⓑ **아, 그럼 그걸로 할게요.**
あ、じゃあそれにします。

Q._____を韓国語にすると、どれが正しいでしょうか?

① 몇 번도

② 몇 번이어도

③ 몇 번으로도

④ 몇 번이라도

プラスワン! 学習　ㄴ/은/는데요?

「～するんですか?」と問い詰めたり、納得のいく説明を求めたりするときは -ㄴ/은/는데요?を使います。【例：왜 비싼데요? ／なんで高いんですか?】。なので、より詳しく知りたい、または特に問いただすつもりがなければ、ヘヨ体の疑問形を使ったほうが丁寧です。

④ 何度でも
몇 번이라도

解説

① 몇 번도 15.9%

「回数＋も」の「〜も」を直訳して**-도**とするのは間違いです。**몇 번도**とは言いません。「回数＋も」の場合は、**-이나**を使います。

〈例〉올해 한국에 세 번이나 갔어요.
　　今年、韓国に3回も行きました。

② 몇 번이어도 6.2%

-이어도/-여도は「〜でも（大丈夫だ）」というニュアンスがあります。そのため、**몇 번이어도**は回数ではなく「何番でも（大丈夫だ）」という意味になるので、❷は間違いです。

〈例〉등번호가 몇 번이어도 좋았다.
　　背番号が何番でもよかった。

③ 몇 번으로도 7.9%

-(으)로도は「〜でも（〜ができる）」というニュアンスがあります。そのため、**몇 번으로도**は回数ではなく「何番でも（〜できる）」という意味になるので、❸は間違いです。

〈例〉등번호는 희망하면 몇 번으로도 받을 수 있다.
　　背番号は希望すれば何番でももらえる。

④ 몇 번이라도 70%

「何度でも」は**몇 번이라도**が正解です。ちなみに、**몇 번이라도**は**몇 번이나**（何度も）に置き換えることができます。

〈例〉이 볼펜은 몇 번이라도(＝몇 번이나) 지울 수 있습니다.
　　このボールペンは何度でも消せます。

17 いつでも

Ⓐ 연말이니까 송년회하려고 하는데 언제가 괜찮아요?

年末だから忘年会をしようと思うんだけど、いつが都合がいいですか?

Ⓑ 저는 (　　　　　) 괜찮습니다.

私は**いつでも**大丈夫です。

Ⓐ 그래요? 그럼 이번 주 금요일로 할까요?

そう?　じゃあ今週の金曜にしましょうか?

Ⓑ 네. 그럼 이번 주 금요일은 비워 놓겠습니다.

はい。では、今週の金曜は空けておきます。

Q. _____ を韓国語にすると、どれが正しいでしょうか?

① 언제라든

② 언제가 되든

③ 언제까지라도

④ 언제까지도

プラスワン! 学習　**송년회**

ひと昔前までは韓国でも「忘年会」のことを**망년회**と言いました。滅びるという意味の「亡」が**망**と同じ発音のため、「忘年会でつぶれる(滅びる)ほど飲もう」という習慣がありました。今は「忘」の代わりに年を送るという意味で**송년회**(送年会)という言葉を使うのが一般的です。

正解率
10.3%

解説

① 언제라든 66.6%

언제라든は、**언제라도**と**언제든**が合わさってしまったよくある間違いです。**언제라든**という言葉はありません。**언제라도、언제든**であれば、この問題の答えとして正解です。

〈例〉언제든 괜찮으니 오세요.　いつでも大丈夫ですから来てください。
　　 언제라도 환영합니다.　　いつでも歓迎します。

② 언제가 되든 10.3%

언제가 되든は「いつになっても」＝「いつでも」という意味のため、**②**が正解です。

〈例〉언제가 되든 시간 되면 오세요.
　　 いつでも都合がつけば来てください。

③ 언제 까지라도 15%

언제 까지라도は「いつまでも」という意味なので、間違いです。意志や未来を表す- ㄹ/을게요や-겠어요などと一緒に使わなくてはいけません。ただしその場合、**언제 까지라도**より**언제 까지나**のほうがより自然です。

〈例〉언제까지나 사랑할게요.
　　 いつまでも愛します。

④ 언제 까지도 8.1%

언제 까지도は、**언제 까지나**と**언제 까지라도**が合わさってしまった間違った言葉です。

18　二度と

Ⓐ 그거 보세요. 벌써 고장났어요.

ほら、見てください。もう故障したんです。

Ⓑ 어머, 이거 산 지 얼마 안 됐잖아요.

あ～あ、これ買ったばかりだったのに。

Ⓐ 맞아요. 이제 그건 (　　　　　　) 안 사요.

そうなんです。もう**二度と**買いません。

Ⓑ 가격이 싸니까 어쩔 수 없네요.

安いから仕方がないですね。

Q.＿＿＿＿を韓国語にすると、どれが正しいでしょうか？

① 두 번도

② 두 번 다시

③ 두 번이라도

④ 두 번이라

プラスワン！ 学習　얼마

얼마は値段などを聞くときに使う「いくら」という意味ですが、「～してから間もない」「あまり時間が経っていない」と言うときも얼마を使って-ㄴ/은 지 얼마 안 되다と言います。また、얼마나は時間が「どのくらいかかるか」と言うときにも使います。【例：시간이 얼마나 걸려요? ／時間はどのくらいかかりますか？】

49

正解 ② 두 번 다시

二度と

解説

① 두 번도 12.4%

두 번도は「2回でも」という意味のため、❶は間違いです。

〈例〉소리 내서 읽는 건 두 번도 좋고, 세 번도 좋아요.
　　　音読するのは2回でもいいし、3回でもいいです。

② 두 번 다시 64.8%

두 번 다시は、予定や計画などを述べるときに、否定の言葉と一緒に使います。問題は「(今後)二度と買わない」なので、❷が正解です。

〈例〉거기는 두 번 다시 안 갈 거예요.
　　　そこには二度と行かないつもりです。

③ 두 번이라도 16.9%

-(이)라도は「～だとしても」「～でも」という意味で、仮定について話すときに使います。そのため、❸は間違いです。

〈例〉두 번이 아니라 한 번이라도 일어나면 안 되는 일입니다.
　　　2回ではなく1回でも起きてはいけないことです。

④ 두 번이라 5.9%

두 번이라は、-(이)라서の서が省略されています。-(이)라서は「～なので」という意味で理由を説明するときに使うため、❹は間違いです。

〈例〉이곳은 두 번째라(서) 잘 알아요.
　　　ここは2回目なのでよく知っています。

19 飲み始めたばかりなのに、もう帰るの?

Ⓐ (   )

飲み始めたばかりなのに、もう帰るの?

Ⓑ 오늘 아들 생일이라서요.

今日息子の誕生日なんです。

Ⓐ 아들 생일 선물은 샀어?

息子さんの誕生日プレゼントは買った?

Ⓑ 이제 케이크 사러 가려고요.

これからケーキを買いに行こうと思っています。

STEP 1

Q. _____を韓国語にすると、どれが正しいでしょうか?

① 이미 마시기 시작했는데 이제 가?

② 벌써 마시기 시작했는데 이미 가?

③ 이제 마시기 시작했는데 벌써 가?

④ 방금 마시기 시작했는데 이미 가?

プラスワン! 学習 -(으)려고요

-(으)려고요は「~しようとしています」「~しようと思いまして」という意味で、自分の計画を知らせるときに使います。日本語は「~しようとする」と「~しようと思う」をそれぞれ分けて使いますが、韓国語は両方とも-(으)려고요を使います。【例: 청소하려고요／掃除しようとしています】【例: 유학가려고요／留学に行こうと思いまして】

正解 ③

飲み始めたばかりなのに、もう帰るの？

이제 마시기 시작했는데 벌써 가?

正解率
55.2%

解説

① 이미 마시기 시작했는데 이제 가? 10%

이미は「すでに」という意味で、何かが始まり取り返しがつかないときに使います。そのため、「飲み始めたばかりなのに」と言うときに**이미**を使うのは不自然です。

〈例〉**이미** 가게가 문을 닫아서 장을 못 봅니다.
　　 すでに店が閉まったので、買い物ができません。

---

② 벌써 마시기 시작했는데 이미 가? 4%

벌써は「もう」という意味で、物事が予想より早く進んだときに使うため、間違いです。また、**이미 가?**は「すでに行くの？」となるため、不自然です。

〈例〉**벌써** 한 해의 절반이 지나 버렸어.
　　 もう1年の半分が過ぎてしまった。

---

③ 이제 마시기 시작했는데 벌써 가? 55.2%

이제は「もう」「すでに」という意味の他、「今」「これから」という意味もあります。**이제 -기 시작하다**は「今～し始めたばかりだ」という意味になります。また、**벌써**は「もう」（＝思ったより早い）という意味のため、❸が正解です。ちなみに、**이제**を**방금**や**지금**に置き換えることもできます。

〈例〉나도 방금 공부하기 시작했어.　私も勉強し始めたばっかりなの。

---

④ 방금 마시기 시작했는데 이미 가? 30.8%

방금+ -기 시작하다は「～し始めたばかりだ」という意味なので**방금 마시기 시작했는데**は合っていますが、「すでに」という意味の**이미**と一緒に使うのは不自然なため、間違いです。

20 絶対に行く！

Ⓐ **이 집 커피가 진짜 맛있었어.**
このお店のコーヒーが本当においしかったの。

Ⓑ **분위기도 정말 좋다. 사진도 잘 나오고.**
雰囲気も本当にいいね。写真もキレイに撮れるし。

Ⓐ **그리고 가게 주인도 친절했어.**
それにお店のマスターも優しかった。

Ⓑ **나도 다음에 한국에 가면 그 가게는 (   )**
私も次、韓国に行ったらそのお店は**絶対に行く！**

Q.＿＿＿を韓国語にすると、どれが正しいでしょうか？

① 절대로 가!

② 반드시 가!

③ 절대로 갈 거야!

④ 꼭 갈 거야!

プラスワン！学習　진짜／정말

정말は「本当に」、진짜は口語で「マジで」という意味ですが、진짜は「本物」という意味で使う場合も。【例：**이 명품 시계는 가짜가 아니라 진짜예요**／このブランド品の時計は偽物ではなく本物です】。また、とても気に入ったと言うときには참を使います。【例：**이 카페 참 좋아요**／このカフェとてもいいです】

正解 ④ 絶対に行く！ 꼭 갈 거야!

解説

① 절대로 가! 3.2%

절대로は基本的に、禁止や不可能など否定する場合に使います。問題は強い意志を表すので、❶は不自然です。

〈例〉절대로 가지 마세요.　　　　　絶対に行かないでください。
　　절대로 먹지 않는 게 좋습니다.　絶対に食べないほうがいいです。

② 반드시 가! 5.7%

반드시は「必ず」という意味で正しいですが、**가**が不自然です。**가**は命令形の**가라**の省略形で「行け」という意味になります。**반드시**のあとには通常、義務や意志を表す表現が続きます。

〈例〉반드시 가겠습니다.　必ず行きます。
　　반드시 갈 거야.　　必ず行くよ。

③ 절대로 갈 거야! 9.1%

-ㄹ/을 거야は意志を表す未来形です。**갈 거야**という表現は正しいですが、**절대로**のあとには、基本的には禁止や不可能などを表す表現が来るため、❸は不自然です。

④ 꼭 갈 거야! 82%

꼭は「必ず」という意味で、未来形の**-ㄹ/을 거야**と一緒に使うことができるため、❹が正解です。**꼭**は、強い希望を表したり、命令、約束したりするときによく使います。

〈例〉꼭 가고 싶어요.　ぜひ行きたいです。
　　꼭 해 주세요.　　必ずしてください。
　　꼭 할 거예요.　　必ずします。

21 二度寝しちゃった

Ⓐ 빨리 일어나.
早く起きなさい。

Ⓑ 지금 몇 시야?
今、何時?

Ⓐ 여덟 시 반이라고.
8時半だよ。

Ⓑ 뭐라고? 망했다! (　　　　　)!
え?　しまった!　**二度寝しちゃった!**

Q._____を韓国語にすると、どれが正しいでしょうか?

❶ 두 번째 자 버렸다

❷ 두 번 자 버렸다

❸ 두 번 다시 자 버렸다

❹ 다시 자 버렸다

プラスワン! 学習　망했다

「しまった」と言う場合、**망하다**の過去形である**망했다**を使います。使い方は日本語と同じです。【例:**망했다. 늦잠 잤네!**／しまった。寝坊した!】。また、ダメだというニュアンスで使う「終わった」も**망했다**を使います。【例:**오늘 시험이었는데 망했어! 어떡해!**／今日試験だったんだけど、終わった!　どうしよう!】

正解率
70.5%

正解 ④ 二度寝しちゃった
다시 자 버렸다

解説

① 두 번째 자 버렸다 2.7%

「数字＋**번째**」は順番を意味します。**두번째 자 버렸다**は「2番目に寝ちゃった」となり、不自然です。ちなみに、「数字＋**번째**」のあとに動詞が続く場合は、「数字＋**번째로**」のように**-로**を付ける必要があります。

〈例〉저는 형 다음 두 번째로 잤어요.
私は兄の次に2番目に寝ました。

---

② 두 번 자 버렸다 11.5%

「数字＋**번**」は回数を意味するので、「2回寝てしまった」となり、不自然です。

〈例〉오늘 아침하고 낮, 두 번 잤어요.
今日、朝と昼、2回寝ました。

---

③ 두 번 다시 자 버렸다 15.3%

두 번 다시は**-지 않다**(～しない)と一緒に使うため、**두 번 다시 자 버렸다**という言葉は間違いです。

〈例〉그 호텔에서는 두 번 다시 안 잘 거야.
そのホテルでは二度と寝ない。

---

④ 다시 자 버렸다 70.5%

다시は「もう一度」「再び」という意味のため、**다시 자다**は「もう一度寝る＝二度寝する」という意味になります。❹が正解です。

〈例〉월요일은 출근날인데 다시 자 버렸다.
月曜日は出社日なのに、二度寝してしまった。

あとで

Ⓐ 여보세요? 나 할 말이 있는데.
もしもし？　話したいことがあるんだけど。

Ⓑ 급한 일이야?
急ぎのこと？

Ⓐ 아니, 급한 건 아니지만 오늘중에는 이야기하고 싶어.
ううん、急ぎではないけど今日中に話したいの。

Ⓑ 그럼, 미안한데 지금 바쁘니까 (　　　　　) 전화할게.
じゃあ申し訳ないんだけど、今忙しいから**あとで**電話するよ。

Q. ＿＿＿＿を韓国語にすると、どれが正しいでしょうか？

① **나중에**

② **다음에**

③ **잠깐 뒤에**

④ **이따**

プラスワン！ 学習　여보세요

「もしもし」は**여보세요**ですが、これは「こちらに向いてください」という意味で使う**여기 보세요**が短くなった言葉だと言われています。**보다**は口語で様々な使い道がありますが、「**그것 봐**／ほら」「**어디 보자**／どれどれ」「**볼일을 보다**／用を済ます」「**얼굴 좀 보자**／たまには会おうよ」のような表現があります。

正解 ④ 이따 ^{あとで}

正解率 **55.8%**

解説

① 나중에 35.8%

나중에は「あとで」という意味ですが、「いつになるかわからない」場合にも使います。問題では「今日中」と言っているため、このような場合に**나중에**を使うのは不自然です。

〈例〉나중에 시간 나면 할게요.　　あとで時間ができたらします。
　　　지금은 바쁘니까 나중에 보자.　今は忙しいからあとで会おう。

----

② 다음에 1.8%

다음에は「今度」や「次」という意味のため、この問題では不自然です。

〈例〉다음에 또 봅시다.　今度また会いましょう。
　　　다음에 내립니다.　次、降ります。

----

③ 잠깐 뒤에 6.6%

잠깐 뒤에は「ちょっと後ろに」という意味で、場所について話すときに使うため、ここでは不自然です。**잠깐**の代わりに**잠시**を使って**잠시 뒤에**とするのなら正解です。また、**잠시 후에**と言い換えることもできます。

〈例〉잠깐 뒤에 자전거가 오고 있으니 조심해.
　　　ちょっと後ろに自転車が来ているから気をつけて。

　　　잠시 뒤에 전화 할게.
　　　ちょっとあとで電話する。

----

④ 이따 55.8%

이따は**이따가**の省略形で、「ちょっとあとで」という意味です。「その日のうち」というニュアンスがあります。問題では「今日中」と言っているので、❹が正解です。

〈例〉곧 일이 끝나니까 이따가 보자.　もうすぐ仕事が終わるからあとで会おう。
　　　이따 집에 갈 때 들를게요.　　ちょっとあとで家に帰るときに寄ります。

23 ゴミは決められた場所に 出してください

Ⓐ **저기요, 새로 이사오셨어요?**
あの、引っ越してこられたのですか？

Ⓑ **네, 지난 주에 이사 왔는데요.**
はい、先週引っ越してきました。

Ⓐ **아직 잘 모르시는 것 같은데, (　　　　　　　　).**
まだご存知ないようですが、ゴミは決められた場所に出してください。

Ⓑ **아, 죄송합니다. 어디에 버리면 되나요?**
あ、すみません。どこに捨てたらいいですか？

Q.＿＿＿＿を韓国語にすると、どれが正しいでしょうか？

① **쓰레기는 정해진 곳에 내세요**

② **쓰레기는 정해진 곳에 내놓으세요**

③ **쓰레기는 결정된 곳에 내세요**

④ **쓰레기는 결정된 곳에 내놓으세요**

プラスワン！ 学習　**저기요**

お店で従業員を呼ぶときの「すみません」を韓国語では**여기요**と言います。この**여기요**は「こちらを見てください」という意味です。**저기요**は道を尋ねるときなど面識がない人に「あのう……」のように声をかけるときに使います。【例：**저기요. 지갑이 떨어졌어요**／あのう、お財布落としましたよ】

59

正解 ② ゴミは決められた場所に出してください
쓰레기는 정해진 곳에 내놓으세요

解説

---

① 쓰레기는 정해진 곳에 내세요 16.2%

내다は「必要なものを出す」や「支払う」という意味で使い、「手放す」「捨てる」という意味では使いません。「手放す」「捨てる」は**내놓다**と言います。そのため、❶は間違いです。

〈例〉편의점에서 전기요금을 내세요.
　　 コンビニで電気料金を支払ってください。

　　 술자리에서 회비를 냈어요.
　　 飲み会で会費を出しました。

---

② 쓰레기는 정해진 곳에 내놓으세요 48.9%

「決める」は**정하다**と言い、多くの中から選択したり判断して決めたりするときに使います。「決められる」と受け身になる場合は、**정해지다**と言います。**내놓으세요**も合っているため、❷が正解です。

〈例〉여행 일정이 정해졌어요.　　 旅行の日程が決まりました。
　　 내일 모임의 대표가 정해져요.　 明日サークルの代表が決まります。

---

③ 쓰레기는 결정된 곳에 내세요 13.1%

결정되다は「決まる」という意味で、会議などで方針や計画が決まるときに使います。**정해지다**より堅く、決まること自体を強調する場合に使われるため、❸は不自然です。また、**내세요**も間違いです。

〈例〉회의에서 결정된 것이 없다.
　　 会議でまだ決まったことはない。

---

④ 쓰레기는 결정된 곳에 내놓으세요 21.8%

내놓으세요は正しいですが、**결정된**が不自然です。

24 こうしたほうが よく覚えられるんです

Ⓐ 뭐 하고 있어요?
何をしているんですか？

Ⓑ 오늘 배운 새로운 단어를 쓰고 있어요.
今日習った新しい単語を書いているんです。

Ⓐ 책에 다 있는데 왜 다시 써요?
本に全部書いてあるのに、なんでもう一度書くんですか？

Ⓑ 아, 저는 (　　　　　　　　　).
私はこうしたほうがよく覚えられるんです。

STEP 1

Q._____を韓国語にすると、どれが正しいでしょうか？

❶ 이렇게 하는 것이 잘 외울 수 있어요

❷ 이렇게 하는 것이 잘 외우게 돼요

❸ 이렇게 하는 편이 잘 외워져요

❹ 이렇게 하는 편이 잘 외울 수 있게 돼요

プラスワン！ 学習　다시

다시は「繰り返し」という意味で使い、다시+「動詞」は「〜し直す」という意味になります。【例：여전히 더러우니까 청소 다시 해／相変わらず汚いから掃除をやり直して】。ちなみに、意味が似ている또は「追加」というニュアンスがあります。【例：방금 2인분 먹었는데 또 시키려고?／さっき2人前食べたのにまた頼むの？】

正解 **3** こうしたほうがよく覚えられるんです
이렇게 하는 편이 잘 외워져요

正解率 **16.8%**

解説

① 이렇게 하는 것이 잘 외울 수 있어요 40.1%

主格助詞**-이/가**と可能の**-을 수 있다**は一緒には使いません。そのため、❶は間違いです。**이렇게 하는 것이**を**이렇게 하면**に変えると正解になります。

〈例〉**이렇게 하면 잘 외울 수 있어요.** こうすれば、よく覚えられます。

② 이렇게 하는 것이 잘 외우게 돼요 22.8%

외우게 되다は「覚えるようになる」という意味で、行動の結果を表します。そのため、❷は間違いです。

〈例〉**매일 같은 노래를 들으면 가사를 다 외우게 돼요.**
毎日同じ歌を聞いたら歌詞を全部覚えるようになります。

③ 이렇게 하는 편이 잘 외워져요 16.8%

외워지다は**외우다**の可能形です。動詞の語幹に**-아/어지다**を付けると「自然に～ができる」というニュアンスになります。なので、「無理なく覚えられる」という意味では**외워지다**をよく使います。そのため、❸が正解です。

〈例〉**아침에 공부하는 게 더 잘 외워져요.**
朝勉強したほうが、よりよく覚えられます。

④ 이렇게 하는 편이 잘 외울 수 있게 돼요 20.3%

잘 외울 수 있게 되다は「よく覚えることができるようになる」という意味です。この表現は「よく覚えられる能力を持つようになる」というニュアンスで使うため、❹は不自然です。

〈例〉**배경을 이해하고 나서 공식을 보니까 잘 외울 수 있게 됐어요.**
背景を理解してから公式を見たらよく覚えられるようになりました。

25　水を流したんです

Ⓐ 어디에서 계속 물 소리가 나는데?

どこかでずっと水の音がしていない？

**Ⓑ 지금 제가 화장실에서 (　　　　　　　　).
그 소리 아닌가요?**

今、私がトイレで水を流したんです。その音じゃないですか？

Ⓐ 그래도 아까부터 계속 소리가 나는데?

けど、さっきからずっと音が聞こえるけど？

Ⓑ 고장난 건가?

故障したのかな？

Q.＿＿＿＿を韓国語にすると、どれが正しいでしょうか？

① 물이 흘렀어요

② 물을 흘렀어요

③ 물이 내렸어요

④ 물을 내렸어요

プラスワン！学習　나다

「匂いがする」は냄새가 나다と言いますが、「音がする」も소리가 나다と나다を使います。나다を使う表現は他に、「事故が起きる／사고가 나다」「戦争が起きる／전쟁이 나다」などがあります。また、「喧嘩になる」も싸움이 나다、「(植物の)芽が生える」も싹이 나다と言います。

正解	④	水を流したんです **물을 내렸어요**	正解率 46.6%

解説

① 물이 흘렀어요 10%

물이 흐르다は「水が流れる」という意味のため、間違いです。**물이 흐르다**は、「水漏れしている」という意味でも使います。

〈例〉**물이 멈추지 않고 계속 흘렀어요.**
　　　水が止まらず、ずっと流れていました。

----

② 물을 흘렀어요 29.8%

물을 흘리다は「水をこぼす」という意味のため、間違いです。「水を流す」という意味はないため、注意しましょう。

〈例〉**컵에 담긴 물을 바닥에 흘렸어요.**
　　　コップに入った水を床にこぼしました。

----

③ 물이 내렸어요 13.6%

물이 내리다は「水が流した」という訳になり、不自然です。**내리다**は「流す」という意味もありますが、「降る」「降りる」「降ろす」という意味で使うことが多いです。

〈例〉**비가 내려요.**　　　　　　雨が降っています。
　　　버스에서 내렸어요.　　　バスから降りました。
　　　차에서 짐을 내렸어요.　　車から荷物を降ろしました。

----

④ 물을 내렸어요 46.6%

「水を流す」は、トイレで水を流すときのみ、**물을 내리다**を使います。ちなみに、「(台所の蛇口から)水を流す」という場合は、**물을 틀다**と言います。

〈例〉**화장실을 쓰고 나면 꼭 물을 내리세요.**
　　　トイレを使ったら必ず水を流してください。

車が通る道です

Ⓐ 여기서 캐치볼을 하면 안됩니다.

ここでキャッチボールをしてはいけません。

Ⓑ 왜요? 여기 우리 집 앞인데요.

なぜですか？　ここはうちの前なのに。

Ⓐ 여기는 (　　　　　　　) 다른 데서 하세요.

ここは**車が通る道です。**他のところでしてください。

Ⓑ 네, 알았어요.

はい、わかりました。

Q._____を韓国語にすると、どれが正しいでしょうか？

① 차의 지나가는 길입니다

② 차가 지나치는 길입니다

③ 차가 다니는 길입니다

④ 차가 가는 길입니다

プラスワン! 学習　데

「場所」「ところ」は口語では곳より데をよく使います。【例：**여기가 버스 타는 데예요?** ／ここがバス乗り場ですか？】ご飯を食べる場所は**밥 먹을 데**、体の痛いところは**아픈 데**と言います。【例：**근처에 밥 먹을 데 없어?** ／近くにご飯食べるところない？】

正解 **3** 車が通る道です
차가 다니는 길입니다

正解率
48.1%

解説

① 차의 지나가는 길입니다 13.5%

車が「通る」という意味で**지나가다**を使うのは正しいですが、韓国語では「〜の」という意味の**의**のあとには必ず名詞がきます。「車の通る道」の「の」を直訳して**의**を使うのは間違いです。そのため、**차가 지나가는**であれば正解になります。

② 차가 지나치는 길입니다 2.9%

지나치다は「通り過ぎる」という意味で、「行き来する」という意味では使いません。

〈例〉책을 보다가 한 정거장을 지나쳐 버렸어요.
　　本を読んでいて1駅を乗り過ごしてしまいました。

③ 차가 다니는 길입니다 48.1%

다니다は「(学校などに)通う」という意味だけではなく、「〜が通る」「行き来する」「往来する」という意味もあるため、**❸**が正解です。

〈例〉버스가 다니는 길에서 놀면 안 됩니다.
　　バスが通る道で遊んではいけません。

　　여기는 사람이 다니는 길이니 자전거를 타면 안 됩니다.
　　ここは人が通る道なので、自転車に乗ってはいけません。

④ 차가 가는 길입니다 35.5%

가는 길は「行く道」という意味で、「行き来する」という意味はありません。

〈例〉이 길은 신주쿠로 가는 길이야.
　　この道は新宿に行く道だよ。

　　지금 집에 가는 길이에요.
　　今、帰り道(＝家に帰る道)です。

27 なぜ安定した職場を辞めるんですか？

Ⓐ **저 이번 달에 퇴사합니다.**
私、今月退社するんです。

Ⓑ **정말요? (   )**
本当ですか？　なぜ安定した職場を辞めるんですか？

Ⓐ **하고 싶은 일이 생겨서요.**
やりたいことができたんです。

Ⓑ **그래요. 그럼 꼭 성공하세요.**
そうなんですね。では、必ず成功してくださいね。

Q. ＿＿＿を韓国語にすると、どれが正しいでしょうか？

① **왜 안정하는 직장을 그만두세요?**

② **왜 안정한 직장을 그만두세요?**

③ **왜 안정되는 직장을 그만두세요?**

④ **왜 안정된 직장을 그만두세요?**

プラスワン！ 学習　**퇴사**

日本語では「退社」を「退勤」という意味で使いますが、韓国語で**퇴사**は会社を辞めるときのみに使い、退勤は**퇴근**と言います。【例：**정시 퇴근합니다**／定時退社します】。また、「残業」は夜会社に残って仕事をするという意味から**야근**（夜勤）と言います。【例：**야근이 많아요**／残業が多いです】

なぜ安定した職場を辞めるんですか?

④ 왜 안정된 직장을 그만두세요?

正解率
34.8%

解説

---

① 왜 안정하는 직장을 그만두세요? 15.9%

「安定した職場」のように、「安定する」の後ろに名詞が付く場合は**안정되다**を使います。そのため、❶は間違いです。

---

② 왜 안정한 직장을 그만두세요? 33.4%

❷も**안정되다**ではなく**안정하다**を使っているため、間違いです。

---

③ 왜 안정되는 직장을 그만두세요? 15.9%

動詞の現在連体形**-는**が付いた**안정되는**は「安定しつつある」というニュアンスになるため、❸は間違いです。

〈例〉지금 회사가 안정되는 상태라 월급을 많이 못 받아.
　　　今会社は安定しつつある状態で、給料はそんなに多くもらえない。

---

④ 왜 안정된 직장을 그만두세요? 34.8%

問題は、すでに安定してその状態を保っているという意味のため、過去連体形**-ㄴ/은**を付けた**안정된**が正しいです。❹が正解です。

〈例〉안정된 회사에 취업하고 싶어요.
　　　安定した会社に就職したいです。

　　　운동할 때는 안정된 자세가 중요합니다.
　　　運動するときは安定した姿勢が大事です。

28 (お金が)かかるから／悩むの

Ⓐ **아, 또 배터리가 나갔네.**

あー、また充電が切れた。

Ⓑ **휴대폰 배터리 수리를 받지 그래?**

携帯電話、バッテリーを修理に出したらどう？

Ⓐ **그 수리, 꽤 돈 가:(　　　　　) 진짜**
나:(　　　　　).

その修理、結構お金が**かかるから**すごく**悩むの**。

Ⓑ **맞아. 새로 사는 게 나을지도 몰라.**

たしかに。新しく買ったほうがいいかもしれないね。

Q.＿＿＿＿を韓国語にすると、どれが正しいでしょうか？

① 가: 걸려서　　／ 나: 고민해

② 가: 걸리니까 ／ 나: 고민돼

③ 가: 들어서　　／ 나: 고민해

④ 가: 드니까　　／ 나: 고민돼

プラスワン！ 学習　배터리가 나가다

バッテリーが切れることは**배터리가 나가다**、**배터리가 떨어지다**と言います。
【例：**배터리가 나갔어요**／バッテリーが切れました】。また、バッテリーがギリギリなことは**간당간당하다**と言います。【例：**배터리가 떨어져서 간당간당하니 얼른 충전해야겠어**／バッテリーがギリギリだからすぐ充電しなきゃ】

正解 ④ （お金が）かかるから／悩むの
가: 드니까 / 나: 고민돼

正解率 **38.9%**

【解説】

① 가: 걸려서 / 나: 고민해 19.5%

「お金がかかる」の「かかる」は**걸리다**ではなく**들다**を使うので、間違いです。**걸리다**は「時間がかかる」と言うときに使います。また、自分が悩む場合は、**고민해**は使わず、**고민하고 있어**、**고민돼**と言います。**-하다**を付ける**고민해**、**걱정해**、**긴장해**は第三者に対しての命令形になります。

〈例〉어떻게 살지 고민해.
　　どうやって生きるか悩みなさい。

　　내일이 시험인데 걱정 좀 해.
　　明日試験なんだから、少しは心配しなさい。

② 가: 걸리니까 / 나: 고민돼 20.2%

고민돼は正しいですが、**걸리다**が合っていないため、間違いです。

③ 가: 들어서 / 나: 고민해 21.4%

들어서は「お金がかかるので」という意味のため合っていますが、**고민해**が合っていないため、間違いです。

④ 가: 드니까 / 나: 고민돼 38.9%

④が正解です。ちなみに、**들다**+ **-(으)니까**がなぜ**들니까**ではないのかというと、ㄹ語幹の次にㄴ、ㅂ、ㅅが続くと、自然な発音のためにㄹが落ちるからです。

〈例〉돈이 드는 일입니다. ➡ 들+는
　　돈이 듭니다. ➡ 들+ㅂ니다
　　어른들이 노시는 곳입니다. ➡ 놀+시다

よかったですね

Ⓐ 제가 커피 살게요.

私がコーヒーおごりますよ。

Ⓑ 어? 무슨 좋은 일 있어요?

あれ？ 何かいいことでもあったんですか？

Ⓐ 어제 지갑을 잃어버렸다가 찾았어요.

昨日財布をなくしたんですが見つかったんです。

Ⓑ 와! 정말 (　　　　　　).

わ！ 本当に**よかったですね**。

Q. ＿＿＿を韓国語にすると、どれが正しいでしょうか？

① 좋았네요

② 다행이었어요

③ 좋았어요

④ 다행이네요

プラスワン！ 学習　무슨/좋은 일

무슨は「何の」という意味ですが、「何か」という意味でもよく使います。【例：무슨 일 있어요？／何かあるんですか？】。また、「いいこと」「いい出来事」の場合は좋은 것ではなく좋은 일を使うので注意しましょう。【例：오늘 좋은 일이 있어서 기분이 좋아요／今日はいいことがあって気分がいいです】

正解 ④ よかったですね 다행이네요

解説

① 좋았네요 5%

日本語の「よかった」はいろいろな場面でオールマイティに使えますが、韓国語ではその時々で言葉が変わります。**좋았네요**は「ちょうどよかった」というニュアンスがあり、物事を評価するときに使います。「幸いだ」という意味では使わないため、**❶**は間違いです。

〈例〉그때 타이밍이 좋았네요.
　　　あのとき、タイミングがよかったですね。

② 다행이었어요 9.4%

다행이다は「幸いだ」という意味ですが、**다행이었어요**は自分が自分に向けて言うときに使うため、**❷**は間違いです。

〈例〉그때 합격해서 정말 다행이었어요.
　　　あのとき合格して本当によかったです(＝幸いでした)。

③ 좋았어요 3.5%

좋았어요も**좋았네요**とほぼ同じ意味で、物事を評価するときに使うため、**❸**は間違いです。

〈例〉어제 발표 좋았어요.
　　　昨日の発表、よかったです。

　　　그 배우의 연기가 정말 좋았어요.
　　　あの俳優の演技が本当によかったです。

④ 다행이네요 82.1%

問題が生じることなく無事に終わったというニュアンスの「幸いだった」ということを相手に伝えるときは、**다행이네요**を使うのが最も自然です。

〈例〉그날 사고를 당하지 않아서 다행이네요.
　　　あの日、事故にあわなくてよかったですね。

30 解決してよかったじゃない

Ⓐ **얼굴 표정이 왜 그래?**
どうして浮かない顔をしているの？

Ⓑ **일이 좀 마음에 걸려서.**
仕事のことが少し引っかかっていて。

Ⓐ **그래도 계약 문제가 (   ).**
けど、契約の問題が**解決してよかったじゃない**。

Ⓑ **계약은 했지만 조건이 별로야.**
契約はしたけど条件がそれほどよくないの。

Q._____を韓国語にすると、どれが正しいでしょうか？

❶ **해결해서 다행이잖아**

❷ **해결했으니까 좋았잖아**

❸ **해결돼서 좋았잖아**

❹ **해결됐으니까 됐잖아**

プラスワン！ 学習　별로

별로は**별로-지 않다**という形で「あまり～しない」という意味で使われますが、名詞として使う場合は「イマイチ」という意味になります。【例：**그 식당 별로야** ／その食堂はイマイチだよ】。「あまりおすすめしない」は**추천하다**や**권하다**を使って**별로 권하고 싶지 않다**、**별로 추천하기 어렵다**と言います。

④ 解決してよかったじゃない
해결됐으니까 됐잖아

正解率
11.4%

解説

① 해결해서 다행이잖아 51.2%

해결해서は「解決して」と訳しますが、**해결하다**は主語が解決した本人のときに使うため間違いです。問題は主語が解決した本人ではないため、このような場合は**해결되다**を使います。

〈例〉제가 문제를 해결했어요.
　　私が問題を解決しました。

② 해결했으니까 좋았잖아 8.4%

해결했으니까は「解決したから」と訳せますが、❶と同じように**해결하다**は主語が自分となる場合に使うため、間違いです。

〈例〉그 문제는 내가 해결했으니까 걱정하지 않아도 돼.
　　その問題は私が解決したから心配しなくてもいいよ。

③ 해결돼서 좋았잖아 29%

좋았잖아は自分自身が何かを評価するときに使います。そのため、自分がしたことではない**해결돼서**と一緒に使うのは不自然です。

〈例〉그 제품 품질이 좋았잖아.
　　その製品、品質がよかったじゃない。

④ 해결됐으니까 됐잖아 11.4%

-았/었으니까 됐다は「～してよかった」という意味です。また、**해결되다**を使っているため、❹が正解です。**해결됐으니까 잘 됐잖아**や**해결돼서 다행이잖아**でも正解になります。

〈例〉냉장고가 빨리 고쳐졌으니까 됐잖아.
　　冷蔵庫が早く直ったからよかったじゃん。

　　휴대폰을 빨리 찾았으니까 잘 됐잖아요.
　　携帯電話が早く見つかったからよかったじゃないですか。

手紙やファンレターの書き方

　韓国では手紙を書くとき、最初に**안녕하세요?**とあいさつし、そのあとは日本と同じように、天気や健康などについて尋ねるのが一般的です。
<例>
　안녕하세요? 날씨가 한결 선선해졌네요. 건강에는 별탈이 없으시죠?
　こんにちは。一層涼しくなってきましたね。健康には別段お変わりないでしょうか?
　하는 일은 다 잘 되고 있으리라 생각합니다.
　すべて上手くいっていることと思います。

　用件を書き終わって締めくくるときも、日本と同じように、仕事の繁栄や健康を祈る文を書き留めるのが一般的です。
<例>
　날씨가 추워지고 있습니다. 아무쪼록 건강에 유의하시기 바랍니다.
　寒くなってきました。くれぐれも健康にはご留意ください。
　앞으로도 별탈 없이 건강하시고 하시는 일 모두 번창하시기 바랍니다.
　今後ともお元気で、すべてが上手くいくことを祈っております。

　最後に自分の名前を書いて終わりますが、目上の人に書く手紙の場合は名前のあとに**올림**、**드림**、友達など親しい間柄の場合は**가**、**로부터**と書きます。すべて「○○より」という意味です。
<例>
　철수 올림. ／**영수가.** ／**민수로부터.**
　韓国のアイドルや俳優に応援メッセージを伝えたいとき、最近はＳＮＳの投稿などに直接メッセージを送ることが多いですが、手書きでファンレターを書くのがとてもおすすめです。外国人がハングルで誠意を込めて書いた文章は心に響きます。どんなきっかけで作品を知るようになり、好きになったのか、どんな魅力を感じたのか、ぜひ熱い思いを伝えましょう。

<例>

○○님께   ○○さんへ

처음 편지를 씁니다. 저는 일   初めて手紙を書きます。私は日
본에 살고 있는 아야카라고 합   本に住んでいるアヤカと言いま
니다.   す。
「▲▲▲」을 보고 팬이 되었습   「▲▲▲（作品名）」を見て、ファン
니다.   になりました。
○○님의 미소를 너무 좋아하   ○○さんの笑顔が大好きで、いつ
는데, 늘 힘을 얻습니다.   も元気をもらっています。
언젠가 직접 뵙고 제 생각을   いつか直接会って思いを伝えた
전하고 싶습니다. 꼭 일본에   いです。ぜひ日本に来てくださ
방문해 주세요.   い。
앞으로도 쭉 응원할게요.   これからもずっと応援しています。

아야카 드림   アヤカより

<その他、ファンレターで使える文章例>

・춤추는 모습이 너무 멋져요.
 踊っている姿がすごくかっこいいです。
・○○님이 있어서 오늘도 힘이 납니다.
 ○○さんがいるから、今日も頑張れます。
・다음에도 좋은 작품, 좋은 노래를 기대하겠습니다.
 次もいい作品、いい歌を期待しています。
・이번에 개봉하는 작품, 즐거운 마음으로 보겠습니다.
 今回の新作、楽しみにしています。

ネイティブがよく使う
表現を身につけよう

失敗することがあるでしょ

Ⓐ 오늘 콘서트에서 그 아이돌이 춤을 추다가 넘어졌어.

今日のコンサートであのアイドルが、踊っている最中に転んだの。

Ⓑ 프로라도 (　　　　　　　　).

プロでも**失敗することがあるでしょ**。

Ⓐ 그래도 멋있긴 멋있더라.

それでもかっこいいんだけどね。

Ⓑ 그러니까 인기가 있는 거지. 실수해도 최선을 다하는 모습이 있으니까.

だから人気があるのよ。失敗しても最善を尽くす姿があるから。

Q._____を韓国語にすると、どれが正しいでしょうか?

① 실수하는 것이 있지

② 실수할 것이 있지

③ 실수하는 경우가 있지

④ 실수할 경우가 있지

プラスワン! 学習　-더라

-더라は話し手が自分で経験して初めて知った事実を伝えるときに使います。-긴 (기는)-더라は前述の内容が実際は違うことを発見したときに使います。【例:비싸서 그렇지 좋긴 좋더라/高いからあれだけどたしかにいいね】【例:배가 안 고프다더니 먹긴 먹더라/お腹が空いていないと言っていたのに食べていたよ】

失敗することがあるでしょ
실수하는 경우가 있지

正解率
27.9%

解説

① 실수하는 것이 있지 18.5%

-는 것은「(普段) 〜していること」や「〜しているもの」という意味です。「〜する場合がある」という意味では使わないため、**❶**は間違いです。

〈例〉저는 맛있는 음식을 먹는 것을 좋아해요.
　　私はおいしい料理を食べることが好きです。

　　여기에는 놀 수 있는 것이 많네요.
　　ここは遊べるものが多いですね。

---

② 실수할 것이 있지 8.8%

-ㄹ/을 것は、「(これから) 〜すること」という意味で使うため、**❷**は間違いです。

〈例〉더 배울 것이 없습니다.　　　(これから)これ以上習うことはありません。
　　여기에는 읽을 것이 없어요.　ここには(これから)読むものはありません。

---

③ 실수하는 경우가 있지 27.9%

-하는 경우가 있다は「〜する場合がある＝〜することがある」という意味で、一般的に習慣や傾向について話すときに使います。そのため、**❸**が正解です。

〈例〉서두르다가 실수하는 경우도 있으니 차분히 해라.
　　急ぐと失敗することもあるから落ち着いてやりなさい。

---

④ 실수할 경우가 있지 44.8%

-ㄹ/을 경우は、「(今後) 〜する場合」という意味で使うため、**❹**は間違いです。仮定で「その出来事が起きた場合」という意味が含まれます。

〈例〉만약 시험에 떨어질 경우 어떻게 할 거야?
　　もし試験に落ちた場合はどうするの?

32　起きているの？

Ⓐ 미안, TV 소리 컸지?

ごめん、テレビの音、うるさかった？

Ⓑ 아니, 목 말라서 물 마시러 나왔어.
새벽 2시인데 아직도 (　　　　　　　)

ううん、のどが渇いて水を飲みに来たの。
夜中の2時なのに、まだ**起きているの？**

Ⓐ 이 드라마가 너무 재미있어서.

このドラマがすごく面白くて。

Ⓑ 그만 자지 그래? 빨리 자야 내일도 보지.

もう寝たらどう？　早く寝たほうが明日も楽しめるよ。

Q. ＿＿＿＿を韓国語にすると、どれが正しいでしょうか？

❶ 안 자 있어?

❷ 안 자고 있어?

❸ 일어나 있어?

❹ 일어나고 있어?

プラスワン！ 学習　너무

너무はもともと「〜しすぎ」という否定的な表現とともに使われていましたが、今は「とても」というニュアンスでも使います。日本語の「おいしすぎる」などの表現と同じ感覚です。ただし、やはり否定的なニュアンスがあるので、**이 방은 너무 밝아요**は「この部屋はとても明るくていい」ではなく「この部屋は明るすぎます」という意味になります。

解説

① 안 자 있어? 19.4%

자다は寝ている状態が続いていることを言い、完了の意味で使う**-아/어 있다**と一緒に使うことはできません。そのため、❶は間違いです。「寝ている」は、**자고 있다**と言うのが正しいです。

〈例〉지금 자고 있으니까 깨우지 마세요.
　　今寝ているから起こさないでください。

② 안 자고 있어? 52%

안 자고 있다は「寝ないで起きている」ことを言うため、❷が正解です。ちなみに「起きている」は、「目が覚めている」という意味で**깨어 있다**とも言います。

〈例〉밤 늦게까지 깨어 있구나.
　　遅くまで起きているね。

③ 일어나 있어? 8.3%

일어나 있다は「起き上がっている状態」を意味するため、寝ないで起きているという意味で使うのは不自然です。

〈例〉왜 아직도 일어나 있어요? 공연이 곧 시작하니 어서 앉으세요.
　　なぜまだ立っているんですか？　公演がもうすぐ始まるので早く座ってください。

④ 일어나고 있어? 20.3%

-고 있다はある行動が進行中のときに使うため、**일어나고 있다**は「今まさにベッドから起き上がろうとしている状態」や「睡眠から目覚めようとしている状態」を意味します。そのため、❹は間違いです。

〈例〉그는 지금 일어나고 있어요.
　　彼は今起きようとしています。

聞いていないよ

Ⓐ 당신이 있는 부서가 곧 다른 부서랑 합병된대. 들었어?

あなたがいる部署、近々他の部署と合併されるんだって。聞いた？

Ⓑ 아니, 그런 이야기는 (　　　　　　　).

いや、そんな話は**聞いていないよ**。

Ⓐ 그래? 새로 합병이 되면서 희망퇴직도 받는대.

そうなの？　新たに合併されるにあたり、希望退職も受け付けるそうよ。

Ⓑ 정말이야? 큰일 났네. 이제 어쩌지?

本当？　大変なことになったな。どうしよう？

Q.＿＿を韓国語にすると、どれが正しいでしょうか？

❶ 안 들어

❷ 안 들었어

❸ 안 듣고 있어

❹ 안 듣고 있었어

プラスワン！ 学習　큰일

큰일は「大事、重大なこと、大変なこと」という意味です。【例：**큰일을 맡기다**／重要な仕事を任す】【例：**큰일을 저지르다**／事件を引き起こす】など、いろいろな表現で使います。驚くほど大きな問題が起きた場合も、「大変だ／大事だ／困った」という意味で**큰일이다、큰일 나다**を使います。

正解 ② 聞いていないよ
안 들었어

解説

① 안 들어 13.9%

안 -다は「(普段)〜しない」と言うときに使います。안 듣다は「(普段)聞かない」という意味のため、間違いです。

〈例〉저는 TV는 안 봅니다.
　　私は(普段)テレビを見ません。

② 안 들었어 70.1%

「〜していない」を韓国語では-지 않았다のように過去形で表現します。そのため、「聞いていない」は듣지 않았어=안 들었어と言います。②が正解です。

〈例〉A: 숙제 했어?　　宿題した?
　　B: 안 했어.　　　してないよ。

③ 안 듣고 있어 11%

안 -고 있다は「(今)していない」という意味で、「今」の状態を意味します。안 듣고 있어は「(今)聞いていない」という意味のため、間違いです。

〈例〉지금 드라마 보느라 책은 안 읽고 있어.
　　今、ドラマを見ていて本は読んでいない。

④ 안 듣고 있었어 5%

안 듣고 있었다は「(話していたことを)聞いていなかった」という意味のため、間違いです。

〈例〉A: 아까 옆에 앉아 있던 사람들이 이야기하는 거 들었어?
　　さっき横に座っていた人たちが話しているのを聞いた?

　　B: 아니, 나는 게임하느라 안 듣고 있었어.
　　いや、ゲームをしていたから聞いていなかったよ。

Ⓐ **안녕하세요? 처음 뵙겠습니다.**

こんにちは。初めまして。

Ⓑ **아, 저야말로 처음 뵙겠습니다.**
그 동안 말씀은 (　　　　　　　　).

こちらこそ、初めまして。これまで、お話はよく**伺っています**。

Ⓐ **이번에 새로 책을 내셨다면서요?**

このたび、新しく本を出版されたそうで。

Ⓑ **네. 그동안 써 두었던 이야기를 한 권으로 묶은**
것뿐이에요.

はい。これまでに書きためた話を1冊にまとめただけです。

Q. ＿＿＿を韓国語にすると、どれが正しいでしょうか?

① **많이 들어요**

② **많이 들었어요**

③ **많이 듣고 있어요**

④ **많이 여쭙고 있어요**

プラスワン! 学習　뵙다

뵙다は「お会いする」「お目にかかる」という意味で、**만나다**の謙譲語です。同じ意味で**뵈다**もありますが、**뵙다**がより丁寧です。**-겠**は、「これから～する」という意味で、付けると丁寧なニュアンスになります。「**잘 먹겠습니다**／いただきます」「**그럼 이만 가 보겠습니다**／それではこれで失礼いたします」など、あいさつでよく使います。

2 伺っています
많이 들었어요

解説

① 많이 들어요 5.5%

韓国語で現在形は、「習慣的に〜する」という意味で使います。そのため、**많이 들어요**は「よく聞きます」という意味になり、不自然です。また、現在形は最近の傾向を言うときにも使います。

〈例〉사람들이 요즘에는 K-POP을 많이 들어요.
　　　世間の人たちは最近K-POPをよく聞きます。

② 많이 들었어요 61.7%

많이 들었다は「何かの話をたくさん聞いて、今もその内容を覚えている」という意味です。人の評判について言うときなどに使います。「よく聞いています＝よく伺っています」という意味のため、❷が正解です。

③ 많이 듣고 있어요 17.7%

-고 있다は現在進行形で、**많이 듣고 있다**は、あちこちからよく聞いているというニュアンスがあります。人の評判については言わずに、単なる噂や音楽などがよく耳に入るという意味です。

〈例〉'사랑의 불시착'이 인기 있다고 많이 듣고 있어요.
　　　『愛の不時着』が人気があるとよく耳にします。

④ 많이 여쭙고 있어요 15.1%

여쭙다は「伺う」と訳しますが、聞くという意味ではなく、「お尋ねする」という意味で、目上の人などに使う謙譲語です。なので、**많이 여쭙고 있어요**は「（気になることがあるたびに）いろいろと伺っている」という意味のため、❹は間違いです。

〈例〉궁금한 건 선생님께 라인으로 많이 여쭙고 있어요.
　　　気になることは先生にLINEでよく伺っています（＝よく質問しています）。

35 韓国ドラマを見る／勉強する

Ⓐ 요즘 재미있는 한국 드라마가 정말 많지 않아?
最近、面白い韓国ドラマがすごく多いよね?

Ⓑ 정말 많지. 저녁에 퇴근하면 곧 바로 드라마
보기 시작하니까.
本当に多いね。夜退社したらすぐドラマを見始めるもの。

Ⓐ 근데, 드라마 잘 알아들으려면 한국어 공부도
해야 하지 않아?
けど、ドラマを聞き取るには韓国語の勉強もしなくちゃいけないん
じゃない?

Ⓑ 그렇지. 근데 가:(   ) 시간은 있지만
나:(   ) 시간은 없네.
そうだよね。けど、**韓国ドラマを見る**時間はあるけれど、**勉強する**時間はないの。

Q. ＿＿＿を韓国語にすると、どれが正しいでしょうか?

① 가: 한국 드라마를 보는 / 나: 공부하는

② 가: 한국 드라마를 보는 / 나: 공부할

③ 가: 한국 드라마를 볼　 / 나: 공부할

④ 가: 한국 드라마를 볼　 / 나: 공부하는

プラスワン！ 学習　곧／바로

곧と**바로**はどちらも「すぐ」「すぐに」という意味ですが、**바로**は「直ちに」というニュアンスがあり、**곧**は「もうすぐ」という意味で時間の範囲が広いです。**곧 바로**は「すぐ」を強調するときに使います。似ている表現で**금방**と**방금**がありますが、**방금**(さっき)は過去のこと、**금방**(さっき、すぐ)は過去、現在、未来のどの時制でも使うことができます。

韓国ドラマを見る／勉強する
가: 한국 드라마를 볼 /
나: 공부할

正解率
37.2%

① 가: 한국 드라마를 보는 / 나: 공부하는　23.4%

現在連体形の-는 +시간(時間)は、決まっていることについて話す場合に使います。ドラマを見る時間や勉強する時間は決まっていないので、❶は間違いです。

〈例〉식사 하는 시간은 19시입니다.
　　　食事する時間は19時です。

- -

② 가: 한국 드라마를 보는 / 나: 공부할　33.7%

未来連体形の-ㄹ/을 +시간(時間)は、これから行おうとしている動作をわざわざ時間を捻出して行う場合に使います。問題の「韓国ドラマを見る時間」と「勉強する時間」は、時間を捻出して行うものなので**나**は正しいですが、**가**が正しくないため間違いです。

〈例〉바빠서 친구 만날 시간이 없다.
　　　忙しくて友達に会う時間がない。

- -

③ 가: 한국 드라마를 볼 / 나: 공부할　37.2%

「韓国ドラマを見る時間」「勉強をする時間」は、どちらも時間を捻出して行うので、❸が正解です。また、未来連体形は、急に時間ができたときにも使います。

〈例〉내일 유급휴가 받은 날이라 쇼핑할 시간이 생겼어요.
　　　明日は有休をとったので、ショッピングする時間ができました。

- -

④ 가: 한국 드라마를 볼 / 나: 공부하는　5.7%

가の**한국 드라마를 볼**は正しいですが、**나**の**공부하는**が正しくないため間違いです。

36

あるか（わからない） / あるか（探してみる）

Ⓐ **여기 파는 옷 중에서 이 잡지에 나온 게 있나요?**
ここに売っている服の中で、この雑誌に載ったものはありますか？

Ⓑ **네, 잠깐 이쪽으로 오세요.**
はい、ちょっと、こちらへどうぞ。

Ⓐ **아, 여기 있군요. 이건 좀 마음에 안 드는데
잡지에 나온 색깔은 없나요?**
あ〜、ここにあるんですね。これは少し気に入らないのですが、
雑誌に載っている色はありませんか？

Ⓑ **그 색깔의 옷이 가:(　　　　　　) 모르겠지만,
일단 창고에 가서 나:(　　　　　　) 찾아볼게요.**
その色の服が**あるか**わかりませんが、ひとまず倉庫に行って、
あるか探してみます。

Q.＿＿＿＿を韓国語にすると、どれが正しいでしょうか？

① **가: 있는지 / 나: 있는지**

② **가: 있을지 / 나: 있을지**

③ **가: 있을지 / 나: 있는지**

④ **가: 있는지 / 나: 있을지**

プラスワン！ 学習　**마음에 안 들다**

「気に入る」「気に入らない」は**마음에 들다**、**마음에 안 들다**と言います。ちなみに、「気になる」は**마음에 걸리다**、**걱정이 되다**、**신경이 쓰이다**、「気にする」は**마음에 두다**、**걱정하다**、**신경을 쓰다**、「気に障る」は**마음이 불편하다**、**못마땅하다**、**거슬리다**、**불쾌하다**などのように言います。

解説

① 가: 있는지 / 나: 있는지 18.1%

現在形の-는지は、確認が必要な場合に使います。問題の가は「その色の服があるかわからない」とあり、確認をするわけではないので間違いです。

〈例〉오늘 시간이 있는지 확인해 볼게.
　　　今日時間があるか確認してみるよ。

② 가: 있을지 / 나: 있을지 5.5%

未来形の-ㄹ/을지は、不確かな場合や自信がない場合に使います。가は正しいですが、나の「倉庫に行って、あるかどうか確認する」のに-ㄹ/을지を使うのは不自然なため、間違いです。

〈例〉내일 시간이 있을지 모르겠다.
　　　明日時間があるかわからない。

③ 가: 있을지 / 나: 있는지 38.5%

❶と❷で解説したように、가の「あるか」は不確かで自信がないことを言っているため있을지が、나の「あるか」は確認が必要であることを言っているため있는지が正しいです。そのため、❸が正解です。

④ 가: 있는지 / 나: 있을지 37.9%

가も나も正しくないため、❹は間違いです。

37 食べかすが残っていたら

Ⓐ 오늘은 고기 파티구나 !

今日は焼肉パーティーだ！

Ⓑ 어서 와. 빨리 먹자.

いらっしゃい。早く食べよう。

Ⓐ 고기 먹고 나서 디저트도 먹어도 돼?

焼肉のあとにデザートも食べてもいい？

Ⓑ 그래. 대신 음식이 이 사이에 껴서 (   )
충치가 생기니까 다 먹고 이만 잘 닦아.

いいわよ。代わりに歯の間に**食べかすが残っていたら**
虫歯になるから、食べ終わったあとに歯磨きをちゃんとするのよ。

STEP 2

Q._____ を韓国語にすると、どれが正しいでしょうか？

① 찌꺼기가 남아 놓고 있으면

② 찌꺼기가 남겨 있으면

③ 찌꺼기가 남아 있으면

④ 찌꺼기가 남기고 있으면

プラスワン! 学習　끼다

끼다にはいろいろな意味があります。人のグループに入るときに「僕も入れて」と
言う場合、**나도 낄래、나도 끼워 줘**と言います。また、「指輪をはめる」は**반지를
끼다**、「霧が立ち込める」は**안개가 끼다**、「電車のドアに傘が挟まる」は**전철 문
에 우산이 끼다**、「ズボンがきつい」は**바지가 끼다**と言います。

③ 食べかすが残っていたら
찌꺼기가 남아 있으면

解説

① 찌꺼기가 남아 놓고 있으면 7.7%

-아/어 놓다は-을/를を用いる他動詞の場合のみ、使うことができます。-이/가を用いる自動詞の남다は使えません。そのため、❶は間違いです。仮に남기다を使って남겨 놓다とした場合も、「(わざと) 残しておく」という意味なので、この問題では不自然です。

〈例〉늦게 오는 친구를 위해서 음식을 남겨 놓았다.
　　　遅れてくる友達のために料理を残しておいた。

② 찌꺼기가 남겨 있으면 16.3%

-아/어 있다は-이/가を用いる自動詞の場合のみ、使うことができます。-을/를を用いる他動詞の남기다は使えないため、남겨 있다は間違いです。「残しておく」を남기다を使って言う場合は、남겨 두다と言います。

〈例〉다른 사람을 위해서 음식을 남겨 두세요.
　　　他の人のために料理を残しておいてください。

③ 찌꺼기가 남아 있으면 69.4%

남다は自動詞であるため、-아/어 있다を付けることができます。-이/가 남아 있다は「～が残っている」という意味になるため、❸が正解です。

〈例〉아직 음식이 남아 있으니 드세요.
　　　まだ料理が残っているので、お召し上がりください。

④ 찌꺼기가 남기고 있으면 6.6%

-고 있다は「(常に) ～している」という意味で使います。남기고 있다は「(常に何かを) 残している」という意味になるため、この問題では不自然です。また、남기다は他動詞のため、-이/가を用いることができません。

〈例〉아이가 항상 밥을 남기고 있다.　子どもがいつもご飯を残している。

38

混む時間だから、
また今度行こう

A **오늘따라 한국음식 먹고 싶은데 지난 번에 갔던 가게로 갈까?**

今日に限って韓国料理が食べたいんだけど、この前行った
お店に行かない?

B **거기 좋긴 한데, 그 레스토랑은 지금 (   ).**

いいけどあのレストランは今**混む時間だから、また今度行こう**。

A **그럼 어디로 가?**

じゃあ、どこに行く?

B **우리 회사 근처에 새로 생긴 음식점도 맛있을 거 같으니까 그리로 가자.**

私の会社の近くに新しくできたお店もおいしそうだから、そこに行こうよ。

STEP 2

Q._____を韓国語にすると、どれが正しいでしょうか?

① **바쁠 시간이니까 그럼 앞으로 가자**

② **바쁜 시간이니까 그럼 다음으로 가자**

③ **바쁠 시간이니까 그럼 다음에 가자**

④ **바쁜 시간이니까 그럼 다음에 가자**

プラスワン! 学習　**가?／그리**

가?は**가요?**、**가나요?**(行きますか?)の요、나요を省略した形です。他にも、**갈까요?**は「行きましょうか?」、**갈까?**は「行こうか?」、**갈래?**は「行かない?」というニュアンスで、どれも親しい間柄で使います。また、話し言葉で**이쪽으로は이리、그쪽으로は그리、저쪽으로は저리**と言います。

正解 ③

混む時間だから、また今度行こう

바쁠 시간이니까 그럼 다음에 가자

正解率 23.9%

解説

① 바쁠 시간이니까 그럼 앞으로 가자 1.5%

確定事項ではなく、推測の場合は未来連体形を使うため、**바쁠 시간**は正しいです。しかし、**앞으로**は「これから」という意味で「今度」という意味はないため、❶は間違いです。

〈例〉앞으로 바빠질 거예요.
　　　これから忙しくなると思います。

② 바쁜 시간이니까 그럼 다음으로 가자 17%

바쁜 시간は「忙しい時間」と訳しますが、確実に忙しい、もしくは忙しいことがわかっている場合に使います。また、**다음으로**は「次にすることは」という意味のため、これも間違いです。

〈例〉지금 알바하느라 바쁜 시간이니까 나중에 보자.
　　　今バイトで忙しい時間だからあとで会おう。

　　　방금 숙제를 끝냈어. 다음으로 밥을 해야겠다.
　　　今宿題を終えたの。次はご飯を炊かなくちゃ。

③ 바쁠 시간이니까 그럼 다음에 가자 23.9%

다음에は「次に」以外に「(また) 今度」という意味でも使います。**바쁠 시간**も正しいため、❸が正解です。

〈例〉다음에 시간 되면 봐요.
　　　今度お時間があるときに会いましょう。

④ 바쁜 시간이니까 그럼 다음에 가자 57.6%

바쁜 시간が正しくないため、間違いです。

39

歩いて

A 그 친구하고 어떻게 친해졌어?
その子とどうやって仲良くなったの？

B 아, 알고 보니 걔랑 나랑 집이 가깝더라고.
あ〜、あとから知ったんだけど、あの子と私の家が近くて。

A 아, 그래? 얼마나 가까운데?
あ〜、そうなの？　どれくらい近いの？

B (　　　　　) 5분 거리야.
歩いて5分の距離なの。

Q. _____を韓国語にすると、どれが正しいでしょうか？

① 걸어서

② 걷기로

③ 걷고

④ 걸음으로

プラスワン！ 学習　**걔**

걔는 그 아이(その子)、그 애の縮約形です。「この子」は이 아이=얘、「あの子」は저 아이=쟤になります。「엄마, 얘는 내 친구예요／ママ、この子は私の友達です」のように親しい人や友達を言うときに使います。また、「その人」は그 사람、그이、「ある人」は어떤 사람、어떤 이と言います。

1 歩いて
걸어서

解説

---

① 걸어서 80.9%

「～して＋（時間）」のようにどれくらい時間がかかるか話すときは、**-아/어서**を使います。そのため、**❶**が正解です。

〈例〉거기까지 출발해서 1주일 걸렸어요.
　　 そこまで、出発して1週間かかりました。

----

② 걷기로 11%

걷기は「歩くこと、歩き」という名詞なので、間違いです。ちなみに**걷기**は、特に「歩く運動」というニュアンスが強いです。

〈例〉운동은 걷기가 최고입니다.
　　 運動は歩きが最高です。

----

③ 걷고 2.6%

-고はある動作を終えたあと、次の動作に移るときに使います。**걷고**は「歩いてから＝歩き終わってから」という意味になります。そのため、**❸**は間違いです。

〈例〉30분 걷고 지금 쉬는 중이에요.
　　 30分歩いて今休憩中です。

----

④ 걸음으로 5.5%

걸음は「歩き」という意味で、歩くスピードについて話すときに使います。そのため、**❹**は間違いです。また、**걸음**は「1歩、2歩」の「歩」のように助数詞としても使われます。

〈例〉나는 걸음이 빨라요.　　　　私は歩くのが（＝歩きが）速いです。
　　 빠른 걸음　　　　　　　　　早歩き
　　 거기서 한 걸음 물러 서세요.　そこから1歩下がってください。

40 再起動したんだよ

Ⓐ 아, 큰일났어. 어제부터 작업하던 게 다 날아갔어!

あ〜、大変だ。昨日から作業していたのが全部消えた！

Ⓑ 그래? 뭐가 어떻게 됐는데?

え？　何がどうなったの？

Ⓐ 노트북이 제멋대로 (　　　　　　　).

ノートパソコンが勝手に**再起動したんだよ**。

Ⓑ 그럼 저장 안 한 것은 복구할 수 없겠네. 내가 잠깐 볼게. 이리 줘 봐.

なら、保存していないのは復元できないだろうね。
私がちょっと見てみるよ。借して。

STEP 2

Q. _____を韓国語にすると、どれが正しいでしょうか？

① 꺼졌다 켜졌어

② 껐다 켰어

③ 재기동했어

④ 재기동됐어

プラスワン！ 学習　**날아가다**

「データが飛ぶ」は**날다**ではなく**날아가다**を使います。【例：데이터가 날아가다／データが飛ぶ】。【例：데이터를 날리다／データを飛ばす】。また、「データを復元する」は데이터를 복구하다、「プログラムを設置する」は**프로그램을 깔다**と言います。

97

正解 再起動したんだよ
꺼졌다 켜졌어

正解率
26.5%

解説

---

① 꺼졌다 켜졌어 26.5%

꺼졌다 켜졌다는 **꺼졌다가 켜졌다**의 **가**가 省略された言葉です。**-았/었다가**は「ある動作が完了したあと、他の動作に移ること」を表します。そのため、**꺼졌다가 켜지다**は「(電源が)切れてから自動的に起動する＝再起動する」ことを意味します。そのため、❶が正解です。

〈例〉백화점에 갔다가 돌아왔다.　百貨店に行ってから帰ってきた。
　　　물건을 샀다가 반품했다.　　品物を買ってから返品した。

---

② 껐다 켰어 26.5%

끄다と**켜다**はどちらも他動詞で、「(誰かが電源を)落とす」「(誰かが電源を)つける」という意味のため、自ら再起動するという意味にはなりません。そのため、❷は間違いです。

---

③ 재기동했어 18.6%

「再起動」を直訳すると**재기동**ですが、韓国語で**재기동**という言葉はありません。**리부팅**(rebooting)や**재부팅**(再booting)と言います。**재부팅**が最もよく使われます。

〈例〉컴퓨터가 제멋대로 재부팅됐어요.
　　　パソコンが勝手に再起動しました。

---

④ 재기동됐어 28.4%

재기동하다を**재기동되다**と受け身の表現にしても、そもそも**재기동**という言葉を使わないため、間違いです。

41 (冷房が)入っている はずだけど

Ⓐ 아이고. 이 전철 칸은 왜 이렇게 더워?

あ〜、この車両はなんでこんなに暑いんだ。

Ⓑ 이상하다. 전철에 냉방이 (   ).

おかしいな。電車に冷房が**入っている**はずだけど。

Ⓐ 안 되겠다. 다른 칸으로 가 보자.

ダメだ。他の車両に行ってみよう。

Ⓑ 이렇게 사람이 많아서는 다른 칸에 가도 마찬가지일걸?

こんなに人が多かったら、他の車両に行っても同じだと思うよ？

Q.＿＿＿を韓国語にすると、どれが正しいでしょうか？

① 돌아가고 있을텐데

② 돌아가 있을텐데

③ 틀어 있을텐데

④ 걸리고 있을텐데

プラスワン！ 学習　칸

칸は「欄」「空間」「部屋」という意味です。試験問題などによく出てくる「空欄」は、**빈칸**(=공란／空欄)と言います。【例：**다음 빈칸을 채우세요**／次の空欄を埋めなさい】。電車の場合は、「車両」の意味で使います。【例：**여긴 여성 전용칸입니다**／ここは女性専用車両です】。また、部屋を「ひと部屋」「ふた部屋」と数えるときも**방 한 칸**、**방 두 칸**と言います。

正解 **1** （冷房が）入っているはずだけど
돌아가고 있을텐데

正解率
16.7%

解説

① 돌아가고 있을텐데 16.7%

에어컨(エアコン)、난방(暖房)などが現在進行形で「入っている」「動いている」「ついている」は돌아가고 있다と言います。そのため、❶が正解です。

〈例〉난방이 돌아가고 있다.　　暖房がかかっている。
　　선풍기가 돌아가고 있다.　扇風機がついている。

---

② 돌아가 있을텐데 11.7%

돌아가 있다は「曲がっている」「向いている」という意味です。また、-아/어 있다はある動作が終わり、その状態が続くことを意味します。そのため、今まさに「入っている」ことを言う場合は、-아/어 있다は使いません。

〈例〉신칸센 의자가 반대로 돌아가 있네.
　　新幹線の椅子が逆を向いてるよ。

---

③ 틀어 있을텐데 55.6%

틀다は「(自ら電源を)つける」という意味なので、電源をつけ終わって作動中の場合は틀어지다を使わなければなりません。틀어 있다を틀어져 있다にしたら正解になります。

〈例〉냉방이 틀어져 있어요.
　　冷房がついています。

---

④ 걸리고 있을텐데 16%

걸리다は「かかる」という意味ですが、機械などの場合には使いません。걸리다は、「病気にかかる」と言うときに使います。

〈例〉많은 사람들이 독감에 걸리고 있다.
　　多くの人々がインフルエンザにかかっている。

(病に)かかっているの

Ⓐ 너, 고양이 좋아해?

あなた、ネコが好きなの?

**Ⓑ 응, 좋아하지. 그런데 우리집으로 놀러 오는
길고양이를 볼 때마다 마음에 걸리는 게 있어서.**

うん、好きだよ。けど、うちに遊びに来る
野良ネコを見るたびに気になることがあって……。

Ⓐ 왜? 고양이 상태가 안 좋니?

なぜ?　ネコの具合が悪いの?

Ⓑ 응. 그 고양이 피부병에 (　　　　　　).

うん。そのネコ、皮膚病に**かかっているの**。

STEP 2

Q.＿＿＿＿を韓国語にすると、どれが正しいでしょうか?

① 걸렸어

② 걸려 있어

③ 걸려서 있어

④ 걸리고 있어

プラスワン！ 学習　**길고양이**

以前は、人の家の食べ物を勝手に盗み食いすることから「野良ネコ」を**도둑 고양이**(泥棒ネコ)と言いましたが、動物愛好家によって**길고양이**(道のネコ)と言うようになりました。「野良の」という意味の**들**を使った**들고양이**とは言いません。ちなみに、捨て犬は**유기견**(遺棄犬)、捨てネコは**유기묘**(遺棄猫)と言います。

正解 ① (病に)かかっているの
걸렸어

解説

① 걸렸어 48.7%

「病気にかかっている」とは病気にかかり、今もその状態が続いているということです。このような状態の変化を表す単語の場合、韓国語では「過去形」を使います。韓国語では単なる過去形は「過去に何かが終わったこと」だけではなく、単語によっては「過去に起きたことが今も続いている」というニュアンスを持つ場合もあるということを覚えておきましょう。「皮膚病にかかっている」は**피부병에 걸렸다**となるため、**❶**が正解です。

〈例〉**암에 걸렸어요.**
　　癌にかかっています。

② 걸려 있어 29.4%

걸려 있다の日本語訳は「かかっている」ですが、病気ではなく、何かが壁などにかかっている場合に使います。そのため、**❷**は間違いです。

〈例〉**벽에 그림이 걸려 있다.**
　　壁に絵がかかっている。

③ 걸려서 있어 2.5%

걸려서 있어という言葉はありません。そのため、**❸**は間違いです。

④ 걸리고 있어 19.4%

-고 있다は現在進行形のため、**걸리고 있다**は「かかりつつある」というニュアンスになり不自然です。大勢の人が特定の病気などにかかるという意味の場合は使えます。

〈例〉**백신 접종으로 환자수 증가에 제동이 걸리고 있다.**
　　ワクチン接種で患者数の増加に歯止めがかかりつつある。

43 危なっかしいから／
させないようにしないとね

Ⓐ 나 정말 그 사람하고는 더 일 못 하겠어.
私、本当にあの人とはもう仕事できないわ。

Ⓑ 왜 무슨 일 있어?
どうしたの、何かあったの？

Ⓐ 지난 번에 맡긴 일을 대충 해서 또 문제가
생겼지 뭐야.
この前、任せた仕事を適当にして、また問題が起きたのよ。

Ⓑ 에휴. 그 사람은 일하는 게 가:(　　　　　　　),
더 이상 이 일을 나:(　　　　　　　).
あ〜あ。彼女は**危なっかしいから**、もうこの仕事を
させないようにしないとね。

Q. ＿＿＿＿を韓国語にすると、どれが正しいでしょうか？

① 가: 불안하니까 / 나: 시키지 않기로 해야겠네

② 가: 위험하니까 / 나: 시키지 말기로 해야겠네

③ 가: 불안하니까 / 나: 시키지 않게 해야겠네

④ 가: 위험하니까 / 나: 시키지 말게 해야겠네

プラスワン！ 学習　**더**

더は「もっと」という意味ですが、「これ以上〜できない」と制限するときにも使います。【例：**용돈을 더 줄 수는 없어**／お小遣いをこれ以上あげることはできない】。この**더**は**더 이상**の**이상**が省略されている形で、強調するときは**더는**とも言います。【例：**더는 못 참겠어요**／これ以上は我慢できません】

STEP 2

解説

① 가: 불안하니까 / 나: 시키지 않기로 해야겠네　56.7%

「危なっかしい」は**불안하다**、仕事などを「させる」は**시키다**と言います。「～しないようにする」は**-지 않기로 하다**と言うため、❶が正解です。

〈例〉그 사람이 하는 일은 언제나 불안해.　その人がしている仕事はいつも危なっかしい。
　　 더 이상 지각하지 않기로 합시다.　これ以上遅刻しないようにしましょう。

---

② 가: 위험하니까 / 나: 시키지 말기로 해야겠네　16.1%

위험하다は実際に自分に危険が及ぶ可能性があるときに使うため、間違いです。また、**-지 말다**は、誰かに提案したり命令をするときに使いますが、**-아/아야겠다**は「1人で心を決める」ときに使うので、これらを一緒に使うことはできません。

〈例〉거기는 위험하니까 딸한테 거기서 놀지 말라고 했다.
　　 そこは危ないから娘にそこで遊ぶなと言った。

---

③ 가: 불안하니까 / 나: 시키지 않게 해야겠네　20.5%

-게 하다は「～ようにする」という意味のため、**시키지 않게 하다**は誰かに「（他の第三者に何かを）させないようにする」という意味になります。

〈例〉민수가 수미에게 일을 시키지 않게 하세요.
　　 ミンスがスミに仕事をさせないようにしてください。

---

④ 가: 위험하니까 / 나: 시키지 말게 해야겠네　6.7%

❷で解説したように、**-지 말다**と**-아/아야겠다**は一緒に使うことができません。ちなみに、**-지 말게**は、が目上の人が目下の人にアドバイスや忠告、命令をするときに使います。

〈例〉내일은 다른 약속을 잡지 말게.
　　 明日は他のアポはとらないようにしなさい。

44 そうだというより

Ⓐ 여행 갈 거야? 갈 거라면 여행자 보험 꼭 <u>들고</u> 가.

旅行に行くの？　行くなら旅行保険に必ず入ったほうがいいわ。

Ⓑ 그게 꼭 필요해? 뭐 무슨 사고가 나겠어?

それ、絶対必要？　事故なんて起こらないよ。

Ⓐ (　　　　　　　　), 그럴 가능성도 있다는 거지.

<u>そうだというより</u>、そういう可能性もあるということだよ。

Ⓑ 알았어. 만일을 대비해서 드는 걸로 할게.

わかったよ。念のため入ることにするよ。

Q._____を韓国語にすると、どれが正しいでしょうか？

① 그렇기보다

② 그런다기보다

③ 그렇다기보다

④ 그렇다는 게보다

プラスワン！ 学習 들다

들다は「入る」という意味から「보험에 들다／保険に入る」「공부 모임에 들다／勉強会に入る」のように、「加入する」という意味で使う場合が多いです。他にも、「도둑이 들다／空き巣被害にあう」「바람이 들다／気持ちが浮つく」などのようにも使います。【例：무슨 바람이 들었는지 식물 키우기에 열심이야／急にどうしちゃったのか、植物を育てることに夢中だよ】

正解 ③ そうだというより
그렇다기보다

解説

① 그렇기보다 5.7%

-기보다는「動詞の語幹＋**기보다**」(〜するより)の形で使い、それ以外では使いません。

〈例〉보기보다 쓸 만하네요.　　見た目より使えますね。
　　지금 가기보다 나중에 가자.　今行くよりあとで行こう。

---

② 그런다기보다 8.2%

그런다기보다の그런は「そのような」「そんな」という意味です。後ろには必ず「名詞」が付かなくてはならないので、**②**は間違いです。그런を使って「そんな〜というより」とする場合は、그런 -(이)라기보다と言います。

〈例〉A：그 학교가 나한테는 수준이 높다는 거야?
　　　　その学校は私にはレベルが高いってこと？
　　　B：그런 학교라기보다 너한테 안 맞는 학교라는 거야.
　　　　そういう学校というより、君には合わない学校ってことだよ。

---

③ 그렇다기보다 57.8%

그렇다기보다는그렇다고 하기보다の縮約形です。그렇다고 하기보다は「そうだというより」という意味のため、**③**が正解です。

〈例〉내 말은 그렇다기보다 그럴 수도 있다는 이야기야.
　　私の話はそうだというよりそうすることもありえるって話だよ。

---

④ 그렇다는 게보다 28.3%

그렇다는 게보다の게は것이の縮約形で、すでに-이という助詞がついています。そのため、さらに-보다という助詞を付けることはできません。**④**は間違いです。게を使う場合は、**그렇다는 게 아니라**(そうではなく)とするのが正解です。

〈例〉내 말은 그렇다는 게 아니라 그럴 수도 있다는 거야.
　　私の話はそうじゃなくて、そういう可能性もありえるってことだよ。

45 前もって言ってくれれば よかったのに

Ⓐ 여보세요? 나, 지금 쇼핑하러 그 가게에 왔는데 여기 오늘 쉬는 날이네.

もしもし？ 私、今買い物しようとあの店に来ているんだけど、ここは今日休みだね。

Ⓑ 아! 맞다. 거기 원래 월요일은 쉬는 날이야.

あ！ そうだ。そこ、もともと月曜日は休みだよ。

Ⓐ 정말? ( ).

本当？ 前もって言ってくれればよかったのに。

Ⓑ 미안. 이야기해 준다는 걸 깜빡했네.

ごめん。話すのをすっかり忘れてたよ。

Q.＿＿＿を韓国語にすると、どれが正しいでしょうか？

① 미리 이야기해 주지

② 미리 이야기해 주지 그랬는데

③ 미리 이야기해 주면 좋았는데

④ 미리 이야기해 주면 잘됐을걸

プラスワン！ 学習 쉬는 날

「祝日」は**공휴일**(公休日)と言い、休みの日は**쉬는 날**、**빨간 날**と言います。**빨간 날**はカレンダーで休日を赤く表示するからです。また、休みの日を**노는 날**とも言います。これは「仕事がなく遊べる、暇な日」だからです。【例：**이번 달은 일요일과 공휴일 이외에 노는 날이 없어**／今月は日曜日と祝日以外は休みの日がない】

正解 ① 前もって言ってくれればよかったのに
미리 이야기해 주지

正解率 16.6%

解説

① 미리 이야기해 주지　16.6%

「～してくれればよかったのに」は**-해 주지 그랬어**と言います。**-해 주지 그랬어**の**그랬어**は省略可能で、**-해 주지**だけでも問題ないため、❶が正解です。

〈例〉좀 더 일찍 시작하지 (그랬어).
　　もっと早く始めればよかったのに。

----

② 미리 이야기해 주지 그랬는데　25.9%

그랬는데は**그렇게 말했는데**の縮約形です。**-해 주지 그랬는데**は「～してくれと言ったのに」という意味の間接話法のため、❷は間違いです。

〈例〉시간이 있으면 좀 도와 주지 그랬는데 무시당했어요.
　　時間があったらちょっと手伝ってくれと言ったのに無視されました。

----

③ 미리 이야기해 주면 좋았는데　41.7%

「～してくれればよかったのに」を直訳した**-해 주면 좋았는데**は間違いです。このような表現はありません。**좋았는데**は「（以前）よかったのに」と言うときに使います。**-면 좋았는데**を**-면 좋았을 텐데**としたら正解になります。

〈例〉그 가게 좋았는데 없어졌어.　あの店よかったのになくなったよ。
　　거기 같이 가면 좋았을 텐데.　そこに一緒に行けたらよかったのに。

----

④ 미리 이야기해 주면 잘됐을걸　15.8%

잘됐다は「うまくいった」という意味で、**잘됐을걸**は「うまくいったはず」という意味になります。そのため、❹は間違いです。「～すればよかった」は**-(으)면 좋았을걸**とも言うため、**잘됐을걸**を**좋았을걸**にして、**미리 이야기해 주면 좋았을걸**としたら正解になります。

〈例〉그때 상을 받았으면 잘됐을걸.
　　あのとき、賞をもらっていたらうまくいったはずだ。

46　面白くないと思うよ

Ⓐ 요즘 뜨는 이 영화 보고 싶은데 같이 가지 않을래?

最近人気のこの映画が見たいんだけど、一緒に行かない?

Ⓑ 그거 (　　　　　　　　　　)

それは**面白くないと思うよ**。

Ⓐ 아냐, 처음에는 좀 시시한데 나중에 아주 재미있대!

いや、最初は少しつまらないけど後半ですごく面白くなるんだって!

Ⓑ 그래? 그럼 너만 믿고 보러 간다.
　 재미 없으면 책임 져라.

そうなの?　じゃあ、君を信じて見に行くよ。
つまらなかったら責任とれよな。

Q.＿＿＿を韓国語にすると、どれが正しいでしょうか?

① 재미없을걸.

② 재미없을 걸 그랬어.

③ 재미없을 리 있어?

④ 재미없겠어?

プラスワン！ 学習　**뜨다**

뜨다は「浮く」という意味ですが、「売れる」「人気を得る」という意味でもよく使います。【例：**그 사람, 지금 듣는 노래로 뜬 가수야**／その人、今聞いている歌で売れた歌手だよ】。似た表現に**잘나가다**があります。【例：**이 배우는 그 드라마에 나오고 나서 잘나가기 시작했어**／この俳優さんはそのドラマに出てから売れ出した】

正解 **①** 面白くないと思うよ
재미없을걸.

解説

① 재미없을걸. 58.4%

「形容詞や動詞＋ **-을걸**」は「〜するはずだ」「〜だと思う」という意味です。そのため、**❶**が正解です。

〈例〉**그거 비쌀걸.**
　　それ高いはずだよ。

---

② 재미없을 걸 그랬어. 23.6%

-을걸は**-을 걸 그랬어**の**그랬어**が省略された形です。**-을걸 그랬어**は「〜すればよかった」という意味で、後悔を表すときに使うため、形容詞と一緒には使えません。動詞とのみ一緒に使うことができます。そのため、**❷**は間違いです。

〈例〉**그거 볼걸 그랬어.**
　　それ見ればよかった。

---

③ 재미없을 리 있어? 3.2%

-을 리(가) 있어は「〜するわけがない」という意味ですが、「?」が付いて疑問形になると反語になり、「〜するわけないでしょ?」＝「(絶対) 〜だ」という意味になります。つまり、**재미없을 리 있어?**は「面白くないわけないでしょ?＝(絶対)面白い」という意味になるため、間違いです。

〈例〉**그 사람이 실패할 리가 있어?**
　　その人が失敗するはずがないよ。

---

④ 재미없겠어? 14.8%

-겠を使うと、**❸**の**-을 리가 있어?**と同じく反語になるので、**재미없겠어?**も「(絶対に)面白い」という意味になります。そのため、**❹**は間違いです。

〈例〉**그 감독이 만든 영화가 재미없겠어?**
　　あの監督が作った映画が面白くないわけない。

47

行けたらいいんだけど

A 이번 달은 생활비가 적자야.
今月は生活費が赤字だ。

B 그래도 애들 여름방학인데 어디 가야 하지 않아?
それでも子どもたちが夏休みなんだからどこか行ったほうがいいんじゃない?

A 애들 데리고 며칠 떠나려면 돈이 꽤 많이 들 텐데.
子どもたちを連れて数日出かけたら、お金がすごくかかるだろうな。

B 그래도 지금 시간이 있으니 이때 여행을
(   ).
それでも、今は時間があるから、今のうちに旅行に
行けたらいいんだけど。

Q.＿＿を韓国語にすると、どれが正しいでしょうか？

① 가면 좋은데

② 가면 좋겠는데

③ 갈 수 있으면 좋네

④ 갈 수 있으면 좋은데

STEP 2

プラスワン！ 学習　-지 않아?

-지 않다は「〜しない」という意味ですが、「?」を付けて-지 않아?とすると「〜したほうがいいのでは?」と提案する表現になります。【例：슬슬 집에 가야 하지 않아?／そろそろ家に帰ったら?】。ちなみに、-지 않을까?は「〜じゃないだろうか」と推測するときに使えます。【例：좀 비싸지 않을까?／ちょっと高いんじゃないだろうか】

正解 ② 行けたらいいんだけど
가면 좋겠는데

正解率 36.6%

① 가면 좋은데 5.4%

-면 좋은데は「〜すればいいのに」という意味です。**가면 좋은데**は「行けばいいのに」という意味になるため、間違いです。

〈例〉디즈니랜드에 너도 가면 좋은데, 시험이라 못 가겠구나.
　　ディズニーランドに君も行ったらいいけど、試験だから行けないよね。

② 가면 좋겠는데 36.6%

-면 좋겠는데は「〜ができたらいいのに」という意味です。そのため、❷の**가면 좋겠는데**(行けたらいいのに)が正解です。希望や願望を話す場合は、**-면 좋겠다**のように**-겠**が必要です。

③ 갈 수 있으면 좋네 8.6%

좋네は「いいですね」という意味で今感じていることを評価しているため、**-ㄹ/을 수 있으면**(これから〜できれば)という願望を表す表現と一緒には使いません。そのため、❸は間違いです。

④ 갈 수 있으면 좋은데 49.4%

-ㄹ/을 수 있으면 좋은데は「〜できたらいいけど(それができない)」というニュアンスで使います。**갈 수 있으면 좋은데**は「行けたらいいけど、行けないと思う」という意味になります。そのため、❹は間違いです。

〈例〉이곳은 새우가 맛있으니까 그걸 먹으면 좋은데, 알레르기가 있어서 못 먹어.
　　ここは海老がおいしいからそれを食べられたらいいんだけど、アレルギーがあるから食べられない。

48

修理に出したらどう?

Ⓐ 아휴, 또 휴대폰 화면이 꺼졌네.

もう、また携帯電話の画面が消えた。

Ⓑ 배터리 수명이 다 된 거 아냐?

バッテリーの寿命じゃない?

Ⓐ 아직 할부금도 다 못 갚았단 말이야.

まだ分割支払金も全部払えていないんだよ。

Ⓑ 그럼, 그거 (　　　　　　) 배터리만 갈아 봐.

じゃあ、それ**修理に出したらどう?**　バッテリーだけ換えたらいいよ。

Q.＿＿＿を韓国語にすると、どれが正しいでしょうか?

❶ 수리에 내면 어때?

❷ 수리에 맡기면 어때?

❸ 수리를 내지 그래?

❹ 수리를 맡기지 그래?

プラスワン！学習　갈다

갈다は、中身はそのままで一部を「取り替える」という意味があります。갈다を使った言葉には次のようなものがあります。「**갈아타다**／乗り換える」「**갈아입다**／着替える」「**갈아신다**／履き替える」「**갈아끼우다**／取り替える」。また、水槽の水を入れ替えるときも「**갈다**」を使います。【例：**주말에 수조의 물을 갈았다**／週末、水槽の水を入れ替えた】

解説

① 수리에 내면 어때? 20.8%

「修理に出す」を直訳して**수리에 내다**とは言いません。**내다**は課題やお金などを出すときに使うため、❶は間違いです。また、「〜したらどう?」を直訳して**-면 어때?**とするのも、やや不自然です。**-는 게 어때?**が自然ですが、**-는 게 어때?**は単なる提案をする場合で、積極的な場合は**-지 그래?**をよく使います。

〈例〉**이 옷을 사는 게 어때?**(=**이 옷을 사지 그래?**)
　　 この服を買ったらどう?

---

② 수리에 맡기면 어때? 35.1%

맡기다は他動詞なので、**-에 맡기다**とは言えません。ただし、ある場所に何かを預ける場合は**-에 맡기다**と言うことができます。

〈例〉**옷을 세탁소에 맡겼어요.**
　　 服をクリーニング店に預けました。

---

③ 수리를 내지 그래? 14.2%

「〜したらどう?」は**-지 그래?**を使うため**-지 그래?**は正しいですが、「(修理を)出す」に**내다**を使っているため、間違いです。

---

④ 수리를 맡기지 그래? 29.9%

「修理に出す」は「預ける」という意味の**맡기다**を使います。また、**맡기다**は他動詞のため、**-에**ではなく**-를**を付けるのが正しいです。語尾も合っているため、❹が正解です。

49 （なんで）電話なんかするの

Ⓐ 왜 한밤중에 (　　　　　　　　)?
なんで夜中に電話なんかするの？

Ⓑ 친구 남친이 바람을 폈다고 해서.
友達の彼氏が浮気したって言うから。

Ⓐ 그랬구나. 그래도 밤 중이 아니라 다음 날에 물어봐도 됐을 텐데.
そうだったのね。けど、夜中じゃなくて次の日に聞いてあげたらよかったのに。

Ⓑ 친구가 우는데 어떡해. 위로해 줘야지.
友達が泣いているのに、どうするのよ。慰めてあげないと。

Q.＿＿＿を韓国語にすると、どれが正しいでしょうか？

① 전화를 하고 그래

② 전화를 해서 그래

③ 전화를 하지 그래

④ 전화를 하니 그래

プラスワン！学習　바람

바람を使った表現はたくさんあります。「바람을 넣다／そそのかす、煽る」は、あまりよくないほうへとそそのかしたり煽ったりするときに使います。他にも、「바람을 맞다／すっぽかされる」「바람을 맞히다／すっぽかす」「바람피우다、바람나다／浮気する」「바람이 들다／（何かに）ハマる」などがあります。

正解 ① （なんで）電話なんかするの
전화를 하고 그래

解説

① 전화를 하고 그래 30.7%

왜 + -고 그래?は「なんで〜なんかするの?」という意味のため、❶が正解です。

〈例〉왜 화를 내고 그래?
　　　なんで怒ったりするの?

---

② 전화를 해서 그래 20.1%

-아/어서 그래は「〜だからだよ」という意味で、理由を述べるときに使います。そのため、❷は間違いです。

〈例〉네가 예뻐서 그래.
　　　君が可愛いからだよ。

---

③ 전화를 하지 그래 22.7%

-지 그래は「〜したらどう?」という意味で、提案するときに使います。そのため、❸は間違いです。場合によっては命令に近いニュアンスになるため、使い方には気をつけましょう。

〈例〉옷을 갈아입지 그래.　　着替えたらどう?
　　　그만하지 그래.　　　　いい加減やめたらどう?

---

④ 전화를 하니 그래 26.5%

-니 그래は-니까 그래の縮約形で、「〜するからだよ」という意味です。相手に理由を説明するときに使います。そのため、❹は間違いです。

〈例〉네가 혼나는 건 자꾸 지각하니 그래.
　　　君が怒られるのはしょっちゅう遅刻するからだよ。

50

冗談だと思っていたわ

Ⓐ 너 왜 떡볶이 안 먹어?

なんでトッポッキ食べないの?

Ⓑ 나 요즘 탄수화물 제한 다이어트한다고 했잖아.

最近、糖質制限ダイエットをしているって言ったじゃない。

Ⓐ 진짜? 그 말이 (　　　　　　　　).

本当に?　それ、<u>冗談だと思っていたわ</u>。

Ⓑ 벌써 일주일째 밀가루를 <u>끊었다</u>고.

もう1週間小麦粉を食べていないんだってば。

Q.＿＿＿を韓国語にすると、どれが正しいでしょうか?

① 농담이냐고 생각했다

② 농담인 줄 생각했다

③ 농담일까 알았다

④ 농담인 줄 알았다

プラスワン! 学習　끊다

끊다は、①「切る」「絶つ」、②「止める」、③(チケットを切るという意味から)「入会する」などの意味があります。「**전화를 끊다**／電話を切る」「**연락을 끊다**／連絡を絶つ」「**담배를 끊다**／煙草をやめる」「**술을 끊다**／お酒をやめる」「**발길을 끊다**／足が途絶える」「**비행기 티켓을 끊다**／飛行機のチケットを買う」「**헬스장을 끊다**／ジムに入会する」

正解 ④ 冗談だと思っていたわ
농담인 줄 알았다

正解率
73.1%

解説

① 농담이냐고 생각했다 14.5%

-(이)냐고 생각하다(〜かと思う)は、不審に思ったり、信じられなかったりしたときに使う言い回しのため、**❶**は間違いです。

〈例〉극장에서 영화 보는 중에 전화를 받는 사람은 대체 뭐냐고 생각했다.
映画館で映画を見ている途中で電話に出る人は一体なんなんだと思った。

② 농담인 줄 생각했다 7.4%

-인 줄 생각했다という表現はありません。そのため、**❷**は間違いです。**생각하다**を使う場合は、**-일 거라고 생각하다**となります。

〈例〉그 사람이 범인일 거라고 생각했다.
その人が犯人だろうと思った。

③ 농담일까 알았다 5%

-일까 알았다という表現はありません。そのため、**❸**は間違いです。**-일까 생각하다**(〜なのかと思った)という表現ならありますが、これは、あることについて疑う場合に使います。

〈例〉그 말이 사실일까 생각했다. その話が本当なのかと思った。
　　　과연 농담일까 생각했다. 果たして冗談なのかと思った。

④ 농담인 줄 알았다 73.1%

「名詞＋〜かと思う」は**-인 줄 알다**と言います。そのため、**❹**が正解です。

〈例〉그 사람이 배우인 줄 알았어요.
その人が俳優かと思いました。

51

放っておいて

Ⓐ 문을 왜 잠갔어. 빨리 못 열어?

ドアをなんで閉めてるの。早く開けなさい。

Ⓑ 나 좀 (　　　　　　　　　).

ちょっと**放っておいて**。

Ⓐ 무슨 일인데. 말을 해야 도와주든 말든 할 거 아냐.

何があったの。話せば、助けてあげることもできるじゃない。

Ⓑ 그냥 혼자 생각할 시간이 필요하다고.

ただ1人で考える時間が必要なんだってば。

Q._____を韓国語にすると、どれが正しいでしょうか？

① 내 버려

② 내 버려 줘

③ 내 버려 둬

④ 내다 버려 둬

プラスワン！ 学習　-든 -말든

-든 -든は、①「〜するか〜しないか」、-든 -말든は、②「〜しようがするまいが」という意味です。【例：여기서 택시를 타든 버스를 타든 하자／ここでタクシーに乗るか、バスに乗るかしよう】【例：네가 공부를 하든 말든 나랑 상관 없어／あなたが勉強をしようがするまいが私には関係ない】

正解	③	放っておいて 내 버려 둬	正解率 40.7%

解説

① 내 버려 7.6%

내 버려は、**내어 버려**の縮約形です。**내 버리다**は「捨ててしまう」という意味のため、**①**は不自然です。

〈例〉**쓰지 않는 물건은 내 버려.**
不用品は捨ててしまえ。

---

② 내 버려 줘 49.3%

-아/어 버려 주다は「〜してしまってくれ」という意味で、頼む場合にのみ使うため、**②**は間違いです。

〈例〉**나가는 길에 쓰레기도 좀 내 버려 줘.**
出かけるときにゴミも捨ててしまってくれ。

---

③ 내 버려 둬 40.7%

내 버리다に「〜しておく」という意味の**-아/어 두다**が付くと、「放っておく」という意味になります。そのため、**③**が正解です。

〈例〉**그 사람 지금 힘드니까 내 버려 둬.** その人は今大変だから放っといて。
그건 건드리지 말고 내 버려 둬. それは触らないでそのまま置いといて。

---

④ 내다 버려 둬 2.4%

-아/어다 버리다は「（何かを）持っていって捨てる」という意味のため、間違いです。また、**-아/어다 버려 두다**という言葉はありません。

〈例〉**이 냉장고를 내다 버려 줘.** この冷蔵庫を持っていって捨てて。

52

忙しいから
食事は3時にしようかな

Ⓐ 왜 혼자 사무실을 지키고 있으세요?

なんで1人で事務所にいるんですか?

Ⓑ 월말이라 결제가 밀려 있어서요.

月末なので決済が滞っていて。

Ⓐ 식사는 언제 하시게요?

食事はいつなさるのですか?

Ⓑ 지금 (　　　　　　　　　　).

今は**忙しいから食事は3時にしようかな**。

Q. _____を韓国語にすると、どれが正しいでしょうか?

① 바빠서 식사는 3시로 할까나

② 바빠서 식사는 3시에 하려나

③ 바쁘니까 식사는 3시에 할까나

④ 바쁘니까 식사는 3시로 하려나

プラスワン! 学習　-을/를 지키다／ -게

「留守番をする」は「場所＋ **-을/를 지키다**(〜を守る)」、「留守にする」は**-을 비우다**(〜を空ける)と言います。【例:**일주일 집을 비웁니다**／1週間、家を留守にします】。また、文末の「動詞の語幹」＋ **-게**は、相手の意図を尋ねるときに使います。これは、**-(으)려고**に置き換えられます。【例:**그거 먹게 (먹으려고)?** ／それ食べるの?】

忙しいから食事は3時にしようかな

正解 ③ 바쁘니까 식사는 3시에 할까나

正解率
54.2%

解説

① 바빠서 식사는 3시로 할까나 9.8%

-아/어서は、理由を人に淡々と伝えるときに使うため、自分の状況を考えるときに使うと不自然です。また、-로 하다は、「たくさんある選択肢の中から決める」ときに使うため、こちらも間違いです。

〈例〉내일 미팅은 3시로 하자.
　　　明日のミーティングの時間は3時にしよう。

....

② 바빠서 식사는 3시에 하려나 11.9%

-려나は「他人の行動やある現象などを予想する」ときに使います。

〈例〉약속 시간이 다 됐는데, 친구는 언제 오려나.
　　　もう約束の時間なのに、友達はいつ来るかな。

　　　날씨가 흐리니까 오후에 비가 오려나.
　　　曇っているから午後に雨が降るかな。

....

③ 바쁘니까 식사는 3시에 할까나 54.2%

これから行う行動の理由を伝えるときには-니까を使います。また、-ㄹ/을까나は語尾-ㄹ/을까に、疑問や推測を表す終結語尾の나が付いた形であるため、③が正解です。

〈例〉비싸긴 하지만 이거라도 살까나.
　　　高いのは高いけど、これでも買おうかな。

....

④ 바쁘니까 식사는 3시로 하려나 24.1%

-려나は、「他人の行動を予想する」ときに使うので間違いです。「(誰かが)食事を3時にするのかな」と推測するときに言うならOKですが、その場合は助詞を-로ではなく-에にして3시에 하려나とするのが正しいです。

〈例〉그는 식사를 3시에 하려나.
　　　彼は食事を3時にするのかな。

53　忙しいからあとで話すよ

Ⓐ 어제 선 봤다면서? 어땠어?

昨日お見合いしたんだって？　どうだった？

Ⓑ 뭐, 그냥 그랬어.

まあまあだったよ。

Ⓐ 잘 됐다는 거야? 안 됐다는 거야?

うまくいったってこと？　ダメだったってこと？

Ⓑ 지금은 (　　　　　　　　　).

今は忙しいからあとで話すよ。

Q.＿＿＿を韓国語にすると、どれが正しいでしょうか？

① 바빠서 나중에 이야기할게

② 바빠서 나중에 이야기해 줄게

③ 바쁘니까 나중에 이야기할게

④ 바쁘니까 나중에 이야기해 줄게

プラスワン！ 学習　선을 보다

선을 보다は「お見合いをする」という意味です。他にも、恋愛に関する表現はたくさんあるのでぜひ覚えておきましょう。「**미팅을 하다**／合コンをする」「**소개팅을 하다**／（いい人を）紹介してもらう」「**차다**／振る」「**차이다**／振られる」「**고백을 하다**／告白をする」「**딱지를 놓다（=퇴짜를 놓다）**／断る」「**헤어지다**／別れる」「**안 좋게 헤어지다**／喧嘩別れする」

123

忙しいからあとで話すよ
바쁘니까 나중에 이야기해 줄게

正解率
26.8%

解説

① 바빠서 나중에 이야기할게 14.7%

-아/어서は、前の節が後ろの節の理由・前提になるときの他、今や過去の状態を表すときにも使います。ただし、前の節を根拠に後ろの節で他者に提案や呼びかけを行う場合、**-아/어서**を使うのは不自然です。この場合は、**-니까**を使うのが自然です。

〈例〉지금 바빠서 얘기해 줄 수가 없어.
　　　今忙しいから話してあげることができないよ。

② 바빠서 나중에 이야기해 줄게 9.9%

❶と同じように、後ろの節で他者に提案や呼びかけを行っているので、**-아/어서**を使うのは不自然です。

〈例〉오늘은 시간이 없으니까 그 드라마는 내일 봐.
　　　今日は時間がないからそのドラマは明日見て。

③ 바쁘니까 나중에 이야기할게 48.6%

이야기할게は「話すよ」と訳しますが、「話を求めた相手ではなく、第三者に話す」ときに使います。そのため、❸は間違いです。

〈例〉엄마한테는 내가 이야기할게.
　　　お母さんには私が話すよ。

④ 바쁘니까 나중에 이야기해 줄게 26.8%

日本語では、「〜してあげる」は少し恩着せがましい感じがしますが、韓国語の**-아/어 주다**には、そのようなニュアンスはありません。話を求めた相手に答える場合は**-아/어 주다**を付けて、**이야기해 줄게**とするのが自然です。

〈例〉내가 가르쳐 줄게.
　　　私が教えるよ。

54 懐かしい感じがします

Ⓐ **여기 출신이라고 했죠? 오랜만에 왔나요?**
ここの出身だと言っていましたよね？　久しぶりに来たんですか？

Ⓑ **아뇨, 이쪽에 거래처가 있어서 가끔 들러요.**
いいえ、こちらに取引先があって、たまに寄るんです。

Ⓐ **아, 그럼 낯설지 않겠네요.**
あー、それなら見慣れていますね。

Ⓑ **하나도 안 변했어요.**
　　여기 지날 때마다 (　　　　　　　　　).
1つも変わってないですね。ここを通るたびに**懐かしい感じがします**。

Q.＿＿＿を韓国語にすると、どれが正しいでしょうか?

① **그리웠던 느낌이 나요**

② **그리운 생각을 해요**

③ **옛날 생각이 나요**

④ **옛날 느낌이 나요**

プラスワン！ 学習　가끔／낯

頻度に関する言葉は、「**가끔**／たまに」「**어쩌다**／たまたま」「**우연히**／偶然に」「**때때로**／時々」「**빈번히**／頻繁に」「**자주**／しきりに」などがあります。낯が付く言葉は、「**낯설다**／見知らない」「**낯선 사람**／見知らぬ人」「**낯익다**／見慣れている」「**낯익은 손님**／顔なじみのお客さん」「**낯을 가리다**／人見知りをする」などがあります。

正解 **3** 懐かしい感じがします
옛날 생각이 나요

正解率
47.7%

解説

① 그리웠던 느낌이 나요 20.4%

「懐かしい感じがする」は**그리운 느낌이 나다**とは言わず、**그리웠던 시절이 생각나다**(直訳：懐かしかった時代が思い出される)と言うのが自然です。そのため、**❶**は間違いです。

〈例〉이 사진을 보니 그리웠던 그 시절이 생각나네요.
　　 この写真を見たら懐かしい感じがしますね。

----

② 그리운 생각을 해요 13.1%

생각을 하다は「考える」または「思う」という意味のため、間違いです。ちなみに、「感じがする」は**느낌이 하다**とは言わず、**느낌이 들다**と言います。

〈例〉계속 옛날 노래를 들으니 그리운 느낌이 들어요.
　　 昔の歌をずっと聞いていると懐かしい感じがします。

----

③ 옛날 생각이 나요 47.7%

「懐かしい」は、「昔のことを思い出す」という意味の**옛날 생각이 나다**をよく使います。**❸**が正解です。

〈例〉너랑 고교 시절 이야기를 하니 옛날 생각이 나네.
　　 君と高校時代の話をしたら懐かしくなるね。

----

④ 옛날 느낌이 나요 18.8%

느낌이 나다は「〜のような感じがする」という意味のため、**옛날 느낌이 나다**は「昔の感じがする」「古くさい感じがする」というニュアンスで使います。そのため、**❹**は間違いです。

〈例〉이 레스토랑은 옛날 느낌이 나네요.
　　 このレストランは昔風の感じがしますね。

日本語ネイティブが韓国語を上達させるコツ

　韓国語は日本語と語順がほぼ一緒であり、似ている文法や発音も多いので、文字の読み方さえ覚えれば、人によっては早く日常の読み書きはできるようになります。

　問題はそのあとです。直訳や単語の置き換えだけでは正確な意図やニュアンスを区別するのが難しく、場合によっては違う意味になってしまうことも。より自然な韓国語を使うためには日本語からの発想を避け、ネイティブが使う日本語にはない文法表現に慣れる必要があります。

　例えば、英語の「will」と同じように韓国語の意思未来の補助語幹-겠や未来連体形-ㄹ/을は、日本語に翻訳したときに直接的には反映されません。そのせいか、日本語ネイティブは韓国語の未来を表す表現が弱い傾向にあります。語彙力や聞き取り能力を身につけるだけでなく、ネイティブがよく使う表現を意識的に使い続けることが韓国語をより自然に話せるコツです。

＜会話で使いこなしたい表現＞

●未来を表す-겠
　＜例＞ 앞으로 어떻게 하겠다는 건지 얘기해 줘야지.
　これからどうするのか話してくれないと。

●意志や推測を表す-ㄹ 테니까
　＜例＞지금 출발하면 금방 도착할 테니까 조금만 더 기다려 주세요.
　今出発したらすぐ着くので、もう少しだけ待ってください。

●推測を表す-ㄹ/을 텐데
　＜例＞그렇게 옷을 입고 나가면 추울 텐데 다른 옷을 입지 그래요?
　そんなふうに服を着て出かけたら寒いだろうに、他の服を着たらどうですか？

●何かと比べて少ないことを表す덜
　＜例＞다이어트 때문에 평소보다 음식을 덜 먹고 있어요.
　ダイエットのために普段より食事を少なめにしています。

●転換・変化を表す-다가
　＜例＞영어를 공부하다가 잘 늘지 않아서 포기했어요.
　英語を勉強していたけれど、上達しなかったのであきらめました。

-고の使い方

　日本語の「〜して」を韓国語にするとき、**-아/어서**を使うべきなのか**-고**を使うべきなのか混乱する人は多いと思います。

　ここでは、**-고**はどんなときに使うのか、例を4つ挙げてみましょう。

❶「並列」
前後の行動につながりがないときに使います。

＜例＞
　오늘은 라면을 먹고 친구를 만나고 영화를 보고 일을 했다.
　今日はラーメンを食べて、友達に会って、映画を見て、仕事をした。
　저는 영어도 공부하고 한국어도 공부합니다.
　私は英語も勉強するし、韓国語も勉強します。

❷「終了、断絶」
ある動作を終えたあと、次の動作に移るときに使います。

＜例＞
　술을 먹고 집에 갔다.
　お酒を飲んで、家に帰った。
　생각해 보고 연락하겠습니다.
　考えてから連絡します。

❸「判断、きっかけ」
前の節の動詞が**보다**を含むいくつかの動詞で、それが後ろの節の動作の判断やきっかけになる場合、**-고**を使います。**-고**を使う代表的な動詞は、**보다/읽다/듣다/(냄새를)맡다/포기하다**などです。

<例>
　어머니는 편지를 읽고 충격을 받았다.
　お母さんは手紙を読んでショックを受けた。
　한국 드라마를 보고 한국에 관심이 생겼다.
　韓国ドラマを見て韓国への関心が高まった。
　세일이지만 사람이 너무 많아서 사는 것을 포기하고 돌아왔어요.
　セールだったけど、人が多すぎて買うのをあきらめて帰ってきました。

❹「維持」
「〜のまま」「〜したまま」「〜しながら」など、動作が維持されているときに使います。主に移動するとき、**-고 가다**、**-고 오다**、**-고 다니다**のように使います。

<例>
　우산을 쓰고 가다.
　傘を差して行く（＝差したまま移動する）。

上記の例はすべて**-어서**を使うと不自然です。たくさんの例文を読んで正しい使い方を身につけましょう。

韓国アイドルの誕生日のお祝い

　韓国では、アイドルの誕生日をファンが盛大に祝う文化があります。

　最もポピュラーなのが、「カップホルダーイベント」です。これは、ファンが主催者となってカフェを貸し切り、飲み物を注文すると、アイドルの写真と誕生日の日付などがプリントされたカップホルダー（＝カップスリーブ）がもらえるというもので、誕生日から1日〜1週間ほど開催されるのが一般的です。カップホルダーの他にも様々な特典があるので、開催中は多くのファンがカフェに来て写真を撮るなど楽しむ姿が見られます。

　収益は次の応援サポート費（広告費など）として使ったり、寄付をしたりなど、単に自分たちが楽しむだけにとどまらないのが韓国アイドルファンの特徴です。

　アイドルの誕生日には、ファンにより寄付もよく行われます。ファンがお金を集めて、誕生日にアイドル本人の名前で寄付をします。寄付先は貧困層や子どもの貧困問題対策、捨て犬に至るまで様々です。アイドルの母校への図書寄贈など物品を寄付することもあります。

　また、韓国ではアイドルのデビュー記念日や誕生日などに、ファンが地下鉄やバス停などに広告を出すのが一般的です。ひと昔前の1990年代は、電信柱に誕生日を祝うポスターを貼り、夜にファンがまた回収するという文化がありましたが、それが発展して今では費用を出して広告を出すようになりました。

　最近では世界中にファンが増えたこともあり、広告もスケールが大きくなりつつあります。バスやKTX（韓国高速鉄道）の車両のラッピング広告や、ドバイの世界最高層ビルで誕生日を祝うLEDショー、アイドルの名前を付けた学校設立まで、今やアイドルの誕生日を祝う文化は、ファンだけのものにとどまらず、ある種の経済ビジネスと言っても過言ではありません。

STEP

3

自然な韓国語で
さらにレベルアップ

55　あなたと話すことはありません

> **Ⓐ** 내가 정말 잘못했다니까. 용서해 줘.
> 本当に悪かった。許してくれ。
>
> **Ⓑ** 그게 사과하는 사람 태도야?
> それが謝る人の態度なの？
>
> **Ⓐ** 그러니까 대화로 풀자고. 말을 해.
> だから会話で解決しようって。話をしよう。
>
> **Ⓑ** (　　　　　　　　　　).
> あなたと話すことはありません。

Q.＿＿＿を韓国語にすると、どれが正しいでしょうか？

1. 당신과 할 것이 없어요
2. 당신과 할 말이 없어요
3. 당신과 하는 것이 없어요
4. 당신과 하는 말이 없어요

STEP 3

プラスワン！ 学習　**풀다**

풀다は「ほどく」「ほぐす」という意味で、次のように使います。「**스트레스를 풀다**／ストレスを解消する」「**대화로 풀다**／対話で解決する」「**운동화 끈을 풀다**／運動靴の紐をほどく」「**계란을 풀다**／卵をほぐす」「**화를 풀다**／機嫌を直す（怒りをほどくので）」「**화풀이를 하다**／八つ当たりをする」「**근육을 풀다**／筋肉をほぐす」

133

正解 ② 당신과 할 말이 없어요

あなたと話すことはありません

正解率
72.5%

解説

① 당신과 할 것이 없어요 4.9%

할 것は「すること」という意味のため、不自然です。

〈例〉이 공원에서는 아이와 할 것이 없습니다.
　　 この公園では子どもとすることがありません。

------

② 당신과 할 말이 없어요 72.5%

「これから話すこと」のため、할 말/이야기のように未来連体形を使うのが自然です。そのため、❷が正解です。

〈例〉더 이상 할 말이 없어서 전화를 끊었다.
　　 それ以上話すことがなかったので、電話を切った。

------

③ 당신과 하는 것이 없어요 3.9%

하는 것は「すること」という意味です。現在連体形-는は、「普段から常にしていること」について話すときに使うため、間違いです。

〈例〉청소는 내가 매일 하는 것이에요.
　　 掃除は私が毎日することです。

------

④ 당신과 하는 말이 없어요 18.7%

하는 말は「話す言葉」という意味です。❸と同じように、現在連体形-는を用いているので間違いです。

〈例〉그건 내가 매일 하는 말이에요.
　　 それは私が毎日言っていることです。

56 （気に入る）ものが／（買う）ことが

A 오늘 어디 가세요?
今日、どこに行くんですか？

B 기분이 우울해서 단골집에 쇼핑이나 가려고요.
気分が憂鬱で、行きつけのお店に買い物にでも行こうと思っています。

A 뭘 파는 곳인데요?
何を売っているお店ですか？

B 수공예품이요. 거기에 가면 마음에 드는
가:(   ) 많아서 사는 나:(   ) 많아요.
手工芸品のお店です。そのお店に行くと気に入る**もの**が多いから、
買う**こと**が多いんです。

Q. ＿＿＿を韓国語にすると、どれが正しいでしょうか？

① 가: 것이　　／ 나: 게

② 가: 경우가　／ 나: 경우가

③ 가: 경우가　／ 나: 게

④ 가: 게　　　／ 나: 경우가

プラスワン！ 学習　**단골**

단골は「常連」という意味です。お店に関する言葉には、他にも次のような言葉があります。「**단골집**／行きつけの店」「**진상 손님**／クレーム客」「**진상을 부리다**／迷惑な行為をする」「**파리를 날리다**／閑古鳥が鳴く（客がいなくてハエだけ飛んでいる様子から）」「**개점휴업**（開店休業）／商売が上手くいかない」

正解 ④ (気に入る)ものが／(買う)ことが
가: 게 / 나: 경우가

正解率 **54.7%**

解説

① 가: 것이 / 나: 게 39.3%

가の「気に入るもの」の「もの」は、品物など目に見える「もの」です。その場合は**것**を使うため、**가**は正しいです。しかし、**나**が合っていないため、**❶**は間違いです。**-게**は**것이**の縮約形ですが、確率や前提条件などについて話す場合は、**것**を使わず**경우**や**때**を使います。

〈例〉거기서 식사를 할 경우 현금으로 내세요.
そこで食事をするときは現金で払ってください。

------

② 가: 경우가 / 나: 경우가 1.3%

나は合っていますが、**가**が合っていないため、間違いです。

〈例〉여기에는 사고 싶은 게 없어요.
ここには買いたいものがありません。

------

③ 가: 경우가 / 나: 게 4.7%

가も **나**も合っていないため、間違いです。

------

④ 가: 게 / 나: 경우가 54.7%

「気に入るものが」は**마음에 드는 것이**=**마음이 드는 게**、確率について話している「買うこと」は**사는 경우**を使うため、**❹**が正解です。

136

なんでそんなことを言ったの?

A 오늘 선생님이 엄마 화나면 어떻게 되시느냐고 물어 봤어요.

今日先生が、お母さんが怒ったらどうなるのって聞いたの。

B 그래서 뭐라고 했는데.

それでなんて答えたの。

A 평소대로 소리 지른다고 했죠, 뭐.

いつも通り、大きな声を出すって答えたよ。

B (   )

なんでそんなことを言ったの?

Q. ＿＿＿＿を韓国語にすると、どれが正しいでしょうか?

① 왜 그런 것을 말해?

② 왜 그런 말을 말해?

③ 왜 그런 것을 해?

④ 왜 그런 소리를 해?

プラスワン！ 学習　-지요, 뭐

-지요, 뭐は、求めたものがなく、仕方なく他のものを選んだり、次の最善策をとったりするときに使います。【例：**밥이 없으면 컵라면이라도 먹지요, 뭐.** ／ご飯がなければカップラーメンでも食べますよ（それしか選択肢がないので）】【例：**아무도 안 한다면 제가 해야지요, 뭐.** ／誰もしないんだったら自分がするしかないですよ】

왜 그런 소리를 해?

解説

---

① **왜 그런 것을 말해?** 28.7%

「そんなこと」は**그런 것**と言いがちですが、「そんなこと」を「言う」場合は**그런 말**または**그런 소리**と言うのが自然です。そのため、❶は間違いです。韓国語で**그런 것**は「そういうもの」「そういう考え」など言葉以外のことを言うときに使います。

〈例〉왜 그런 것을 샀어?
　　　なぜそういうものを買ったの?

---

② **왜 그런 말을 말해?** 16.4%

그런 말の次にまた**말하다**を使うのは不自然です。**왜 그런 말을 해?**だったら正解になります。

〈例〉왜 그런 말을 했어요?
　　　なぜそんなことを言ったのですか?

---

③ **왜 그런 것을 해?** 9%

❶で解説したように、「そんなこと」を「言う」場合は**것**とは言いません。そのため、❸は間違いです。ちなみに、**하다**を使う場合は、**왜 그런 짓**(行動)**을 해?**(なぜそんなことをするの?)ように**짓**を使うと、自然な韓国語になります。

---

④ **왜 그런 소리를 해?** 45.9%

「そんなことを言う」は**그런 소리를 하다**と言うため、❹が正解です。**왜 그런 말을 해?**、**왜 그런 이야기를 해?**も同じ意味です。

〈例〉그런 이야기는 하지도 않았고 못 들었어요.
　　　そんなことはしてもいないし聞いていません。

58 そうするわけにはいきません

Ⓐ 웬만하면 요구를 들어주지 그래요?

差し支えなければ要求を受け入れたらどうですか？

Ⓑ 웬만하지 않으니까 문제죠. 조건이 까다로워요.

そうではないから問題なんです。条件が厳しいんです。

Ⓐ 그냥 다 맞춰 줘요.

そのまま全部合わせてあげてください。

Ⓑ 손해 보면서요? (　　　　　　　　　).

損をしろと？　**そうするわけにはいきません。**

Q. _____ を韓国語にすると、どれが正しいでしょうか？

① 그렇게 할 것은 없습니다

② 그렇게 할 수는 없습니다

③ 그렇게 할 셈은 없습니다

④ 그렇게 할 리는 없습니다

STEP 3

プラスワン！ 学習　웬만하다

웬만하다は「特に問題ない」という意味なので、**웬만하면**は「よっぽどのことがない限り」「差し支えなければ」という意味になります。【例：**웬만하면 부모님 집에서 살아**／よっぽどのことがない限り実家で暮らしなよ】。似た表現として、**어지간하면**があります。【例：**어지간하면 내가 참아**／よっぽどのことがない限り私が我慢している】

正解	②	そうするわけにはいきません 그렇게 할 수는 없습니다	正解率 52.2%

解説

① 그렇게 할 것은 없습니다 11.3%

-ㄹ/을 것은 없다は、「〜することはない」という意味です。つまり、「〜する必要はない」という意味になります。そのため、❶は間違いです。

〈例〉네 일도 아니니까 그렇게까지 할 것은 없어.
　　　君の仕事でもないから、そこまですることはない（＝そこまでする必要はない）。

---

② 그렇게 할 수는 없습니다 52.2%

-ㄹ/을 수는 없다は「〜するわけにはいかない」という意味のため、❷が正解です。

〈例〉여기서 포기할 수는 없습니다.
　　　ここであきらめるわけにはいきません。

---

③ 그렇게 할 셈은 없습니다 10.1%

-ㄹ/을 셈이다は「〜するつもりだ」という意味で、-을 셈은 없다という表現はありません。そのため、❸は間違いです。

〈例〉앞으로 어떻게 할 셈이야?
　　　これからどうするつもりなの？

---

④ 그렇게 할 리는 없습니다 26.4%

-ㄹ/을 리는 없다は「〜するはずはない」という意味のため、❹は間違いです。

〈例〉그 사람이 그런 말을 할 리는 없어요.
　　　その人がそういうことを言うはずはありません。

芸能人なわけがないでしょ

Ⓐ **저기, 사람들이 모여 있는데?**
あそこ、人が集まってるね?

Ⓑ **무슨 촬영같은 거 하는 거 아냐?**
何か撮影みたいなものしているんじゃない?

Ⓐ **혹시 연예인이 있다면 싸인 받으러 가야겠다!**
もし芸能人がいるなら、サインもらいに行かないと!

Ⓑ **잘 봐 봐. 저기에 있는 사람이 (　　　　　).**
よく見てよ。あそこにいるのが**芸能人なわけがないでしょ。**

Q.＿＿＿＿を韓国語にすると、どれが正しいでしょうか?

① **연예인일 수가 없잖아**

② **연예인일 리가 없잖아**

③ **연예인인 경우가 없잖아**

④ **연예인인 까닭이 없잖아**

プラスワン！学習　혹시

혹시は「もし」「もしかして」という意味です。似た言葉に**만약**(もし)、**만일**(万が一)があります。【例：**혹시** 같은 학교 다니지 않았어요? ／もしかして同じ学校に通ってませんでした?】【例：**만약** 복권에 당첨된다면 뭐 할 거야? ／もし宝くじに当たったら何する?】【例：**만일** 그런 일이 일어날 경우를 대비해야지／万が一そういうことが起きた場合に備えないと】

② 芸能人なわけないでしょ
연예인일 리가 없잖아

解説

① 연예인일 수가 없잖아 29%

「名詞＋ -일 수가 없다」は「〜である可能性はない」という意味のため、❶は間違いです。

〈例〉그 사람이 학생일 수가 없잖아.
あの人が学生である可能性はない。

② 연예인일 리가 없잖아 64%

-일 리가 없다は「〜なわけ(はず)がない」という意味のため、❷が正解です。ちなみに、「〜するわけがない」のように行動や状態について言う場合は-ㄹ/을 리가 없다となります。

〈例〉노래 못 부르는 그 사람이 가수일 리가 없어.
歌が下手なその人が歌手なわけがない。

③ 연예인인 경우가 없잖아 3.5%

-인 경우가 없다は「〜である場合がない」という意味のため、間違いです。

〈例〉그런 사람이 천재인 경우가 없다.
そういう人が天才である場合はない。

④ 연예인인 까닭이 없잖아 3.5%

-인 까닭이 없다は直訳すると「〜である理由がない」という意味になりますが、このような言葉はありません。「〜である理由がない」は、未来連体形の-일を付けて-일 까닭이 없다となります。

〈例〉그 사람이 범인일 까닭이 없다.
あの人が犯人である理由がない。

60 君にはそばにいて ほしいだけなんだ

Ⓐ 다시는 전화하지 마.
二度と電話しないで。

Ⓑ 그러지 말고 우리 다시 시작하자.
そう言わずに、やり直そう。

Ⓐ 성가시게 하지 말라고. 이제 끝이야.
煩わせないでってば。もう終わりよ。

Ⓑ (　　　　　　　　　　). 그것도 안돼?
君にはそばにいてほしいだけなんだ。それもダメなのか？

Q.＿＿＿＿＿を韓国語にすると、どれが正しいでしょうか？

❶ 너에게 바랄 건 곁에 있어 달라는 뿐이야

❷ 너에게 바랄 건 곁에 있어 달라는 만이야

❸ 네게 바라는 건 곁에 있어 달라는 것만이야

❹ 네게 바라는 건 곁에 있어 달라는 것뿐이야

STEP 3

プラスワン！ 学習　**다시는／성가시게 하다**

다시は「再び」「やり直し」という意味ですが、**다시는**は두 번 다시（二度と）と同じ意味で使います。【例：**다시는 그 사람 안 만날 거야／二度とその人と会わない**】。また、**성가시다**は「うっとうしい」という意味で、**성가시게 하다**は「相手を煩わせる」という意味です。

143

正解 **④** 君にはそばにいてほしいだけなんだ
네게 바라는 건
곁에 있어 달라는 것뿐이야

正解率
54.2%

解説

① 너에게 바랄 건 곁에 있어 달라는 뿐이야 31.2%

問題で話し手が「望んでいる」のは未来のことではなく現在のことです。そのため、未来形の**바랄 건**ではなく**바라는 건**にしなければなりません。また、「～だけ」を意味する**뿐**は、「用言（動詞／形容詞）の未来連体形＋**뿐**」と、「名詞＋**뿐**」の2種類の形しかありません。**뿐**は未来連体形以外では、**뿐**の前に形式名詞である**것**が必要なため、**-는 것뿐**、**-은 것뿐**のように、**달라는 뿐**は**달라는 것뿐**とするのが正しいです。そのため、**①**は間違いです。

〈例〉저는 단지 열심히 일한 것뿐이에요.
　　私はただ一生懸命働いただけです。

② 너에게 바랄 건 곁에 있어 달라는 만이야 5.8%

만は**뿐**と同様に、連体形に直接つけることができません。前に**것**が必要です。また、**만**は「だけ」という意味で使えますが、述語としては使えないので、**-것뿐이다**にしなければなりません。そのため、**②**は間違いです。

③ 네게 바라는 건 곁에 있어 달라는 것만이야 8.8%

問題で話し手は今望んでいるので、現在形の**바라는 건**を使うのは正しいです。しかし、**②**で解説したように、**-것만이다**は述語としては使えないため、**③**は間違いです。否定形にして**-것만이 아니다**（～だけではない）とすると使うことはできます。

〈例〉그 가게가 좋은 건 값이 싼 것만이 아니에요.
　　その店がいいのは値段の安さだけではありません。

④ 네게 바라는 건 곁에 있어 달라는 것뿐이야 54.2%

바라는 건も**달라는 것뿐이야**も合っているため、**④**が正解です。

**Ⓐ 여보세요? 오늘 예약을 내일로 변경하고
싶은데요. 예약을 잘못 했거든요.**

もしもし？　今日の予約を明日に変更したいのですが。
予約を間違えてしまったんです。

Ⓑ 저기, 한 번 더 말씀해 주시겠어요?

すみません、もう一度お願いできますか？

Ⓐ 예약을 변경하고 싶은데 내일 자리가 비어 있어요?

予約を変更したいのですが、明日席は空いていますか？

Ⓑ 저기, 전화 소리가 울려서 (　　　　　　　).

すみません、電話の声が響いていて、**なんと言っているのかよくわか
ります**。

Q.＿＿＿＿を韓国語にすると、どれが正しいでしょうか？

① 무엇을 하는지 잘 모르겠어요

② 무엇을 말하는지 잘 몰라요

③ 무슨 말씀을 하시는지 잘 모르겠어요

④ 뭐라고 하는지 잘 몰라요

プラスワン！ 学習　**잘못／한 번 더**

「〜し間違える」は、動詞の前に**잘못**を付けます。【例：電車に乗り間違えました
／**전철을 잘못 탔어요**】。また、韓国語は、日本語と語順が逆になることがある
ので注意しましょう。「もう＋単位」は「単位＋더」となります。「**한 번 더**／もう一
度」「**한 잔 더**／もう一杯」など。

正解 3 무슨 말씀을 하시는지 잘 모르겠어요

正解率 51.9%

解説

① 무엇을 하는지 잘 모르겠어요 13.4%

무엇을 하는지は「何をするのか」という意味で、「話す」という意味ではないため、❶は間違いです。

〈例〉그 이벤트에서 무엇을 하는지 잘 몰라요.
　　そのイベントで何をするのかよくわかりません。

② 무엇을 말하는지 잘 몰라요 11.8%

모르다(原形)は、情報がなくて知らないときに使います。推測してもわからないときは、**모르겠다**を使います。そのため、❷は間違いです。

〈例〉A: 이거 뭔지 알아?　　これ何か知ってる?
　　 B: 잘 몰라요.　　よく知りません(情報がない)。

〈例〉A: 이거 이해했어?　　これ理解した?
　　 B: 잘 모르겠어요.　　よくわかりません(考えたけどわからない)。

③ 무슨 말씀을 하시는지 잘 모르겠어요 51.9%

「なんと言っているのか」は「なんのことを言っているのか」ということを意味します。「何(なんのこと)を言っているのか」と言う場合、**무슨 소리**または**무슨 말**のように、**소리**または**말**、**말씀**が必要です。そのため、❸が正解です。

〈例〉지금 무슨 소리를 하는 거니?
　　今、何を言っているの?

④ 뭐라고 하는지 잘 몰라요 22.9%

「なんと言う」を**뭐라고 하다**とするのは正しいですが、❷で解説したように**몰라요**は**모르겠어요**に変えなければいけません。そのため、❹は間違いです。

62 どうしてそれがわかったの？

Ⓐ 교실에서 주운 그 휴대폰 은미 씨 거였어.

教室で拾ったあの携帯電話、ウンミさんのだったよ。

Ⓑ (　　　　　　　　　)

<u>どうしてそれがわかったの？</u>

Ⓐ 휴대폰 홈 화면이 은미 씨가 좋아하는
배우였거든.

待ち受け画面が、ウンミさんが好きな俳優だったのよ。

Ⓑ 그렇구나. 은미씨, 팬 클럽에 들 <u>정도로</u> 좋아하지.

そうなんだ。ウンミさん、ファンクラブに入っているくらい好きだもんね。

Q. ＿＿＿ を韓国語にすると、どれが正しいでしょうか？

① 어떻게 그걸 알아？

② 왜 그걸 알아？

③ 왜 그걸 알았어？

④ 어떻게 그걸 알았어？

STEP 3

プラスワン！ 学習　**정도로**

정도로は「ほど」「くらい」という意味で、**정도로**は**만큼**に置き換えられます。【例：
사랑에 빠질 정도로(만큼) 좋아했어／恋に落ちるほど好きだった】。ちなみに、
정도껏は「ほどほどに」という意味で、警告するときに使います。【例：**술도 정도껏
마셔라**／お酒はほどほどにしなさい】

147

正解 ④ どうしてそれがわかったの？
어떻게 그걸 알았어?

正解率 37.1%

解説

① 어떻게 그걸 알아? 37%

어떻게は経緯を聞くときに使います。そのため、この問題では**어떻게**を使うのが自然です。しかし、**어떻게 알아?**のように**어떻게**のイントネーションを上げて**알아?**と一緒に反語として使うと、「どうやってわかるの？＝わかるわけない」という意味になるため、不自然です。

〈例〉A: 여친이 이거 좋아할까?　　彼女、これ好きかな？
　　 B: 내가 그걸 어떻게 알아?　　私がそれをわかるわけないでしょ？

----

② 왜 그걸 알아? 16.9%

왜は「問いただす」ニュアンスがあるため、知った経緯を知りたいときには使いません。そのため、②は間違いです。

〈例〉왜 그걸 알아야 되는데?
　　 なぜそれを知りたいの？

----

③ 왜 그걸 알았어? 9%

알았어?は自然な表現ですが、②で解説したように**왜**が正しくないため、間違いです。

----

④ 어떻게 그걸 알았어? 37.1%

어떻게＋ **-ㄹ/을 알았어?**は「どうして〜を知っているの？」という意味で、問題の答えとして最も適切です。④が正解です。

〈例〉A: 오늘 생일이죠?　　今日誕生日ですよね？
　　 B: 그걸 어떻게 알았어요?　　それをどうして知っているんですか？

A (   ) 세계일주를 해 보고 싶다.

いつかわからないけれど世界一周をしてみたい。

B 그러려면 얼마나 돈을 모아야 할까?

そのためには、どれくらいお金を貯めなきゃいけないんだろう?

A 돈만 있다고 되는 게 아니지.
체력도 시간도 필요하고.

お金だけあってもできるものではないでしょ。体力も時間も必要だし。

B 그러게. 건강하지 않으면 뭐든 즐길 수 없지.

そうだよね。健康じゃないとなんでも楽しめないよね。

Q.＿＿＿を韓国語にすると、どれが正しいでしょうか？

① 언제인지 모르지만

② 언제일까 모르겠지만

③ 언젠가는 모르지만

④ 언제일지 모르겠지만

プラスワン！ 学習　그러게

그러게は「そうだね」という意味で、賛同するときに使います。-요を付けて그러게
요とすると、「私もそう思います」という意味になります。그러네も似ていますが、
그러네は知らなかったことがわかったり、何かに気づいたりしたときに使います。
【例：듣고 보니 그러네요／言われてみればその通りですね】

④

いつかわからないけれど
언제일지 모르겠지만

解説

---

① 언제인지 모르지만 12.6%

언제인지は「いつなのか」、**모르지만**は「わからないが」という意味のため、一見正解のように見えますが、この問題では❶は不自然です。**모르다**(原形)は、情報がなくて知らないときに使います。推測してもわからないときは、**모르겠다**を使います。

〈例〉내가 언제 부자가 될지 모르겠지만 노력할게.
　　　自分がいつお金持ちになるかわからないけれど頑張るよ。

---

② 언제일까 모르겠지만 10.3%

언제일까は「いつだろうか」と未来について問いかけるときに使うため、間違いです。

〈例〉나에게 남친이 생기는 건 언제일까?
　　　私に彼氏ができるのはいつだろう？

---

③ 언젠가는 모르지만 12.3%

언젠가는は**언제인가는**の縮約形で、「いつかは」という意味です。「いつかは〜する」「いつかは〜したい」などのように、願望を表すときに使います。

〈例〉언젠가는 꼭 합격할 테다.
　　　いつかは必ず合格してやる。

---

④ 언제일지 모르겠지만 64.8%

언제일지は**언제가 될지**の縮約形で、「いつになるか」という意味です。また、推測する場合に使う**모르겠다**も合っているため、❹が正解です。

〈例〉그 가수로부터 답장을 받게 되는 날이 언제일지 모르겠지만 기다릴래.
　　　その歌手から返事をもらうのがいつになるかわからないけれど待つよ。

64　少しだけ大きくなったみたい

Ⓐ 얼마 전에 산 관엽식물, (　　　　　　　　　　　).

少し前に買った観葉植物、<u>少しだけ大きくなったみたい</u>。

Ⓑ 그게 눈에 보여?

目で見てわかるの?

Ⓐ 그럼. 매일 물 주고 소중히 보살피고 있잖아.

もちろん。毎日水をあげて大切にお世話しているもの。

Ⓑ 대단하다. 난 귀찮아서 그런 거 못 해.

すごい。私は面倒くさくてそんなことできないよ。

Q.＿＿＿を韓国語にすると、どれが正しいでしょうか?

❶ 조금은 크게 된 거 같아

❷ 조금만 커진 거 같아

❸ 조금은 큰 거 같아

❹ 조금만 크는 거 같아

STEP 3

> **プラスワン! 学習　　그럼**
>
> 그럼は그러면の縮約形です。「では」「だったら」「もちろん」など、様々な意味が
> あります。【例：그럼 회의를 시작하겠습니다／では、会議を始めます】【例：그
> 럼 이렇게 하는 게 어때?／だったらこうしたらどう?】【例：그럼. 당연히 모
> 임에 가야지／もちろんだよ。当然集まりに行くよ】

151

正解 ③ 少しだけ大きくなったみたい
조금은 큰 거 같아

解説

① 조금은 크게 된 거 같아 19.6%

크게 되다は「大きくなる」という意味ではなく、主に「えらくなる」という意味で使われるため、❶は間違いです。

〈例〉쟤는 앞으로 크게 될 사람이야.　あの子は将来えらくなる人だよ。

② 조금만 커진 거 같아 55.6%

조금만は「少しだけ（OK）」という限定の意味で使うため、ここでは不自然です。

〈例〉술은 조금만 드세요.　お酒は少しだけお飲みください。

③ 조금은 큰 거 같아 13.1%

조금은は「少しは」という意味で、何かを認めるときに使います。**크다**は「大きい」という形容詞の意味だけでなく、「成長する」「大きくなる」という動詞の意味もあります。そのため、❸が正解です。

〈例〉조금은 좋아졌네요.
　　　少しはよくなりましたね。

　　　아이가 부쩍 큰 거 같아요.
　　　子どもがグンと大きくなったようですね。

④ 조금만 크는 거 같아 11.7%

❷と同じように、**조금만**は限定の意味で使うため、不自然です。

〈例〉선인장은 조금만 크는 다육식물이죠.
　　　サボテンは少しだけ成長する多肉植物です。

65 ほぼなくなりつつあるの

Ⓐ **너 뭐 바르고** 피부가 좋아졌다고 했지?
何を使って肌がきれいになったって言ってたっけ？

Ⓑ 아, 그 달팽이 크림 말하는 거야?
ああ、あのカタツムリクリームのこと？

Ⓐ 응 그거. 나도 한번 써 보고 싶은데 어디서 팔아?
うん、それ。私も一度使ってみたいんだけど、どこで売ってるの？

Ⓑ 같이 사러 가자. 그 화장품 나도 이제 (　　　　　).
一緒に買いに行こうよ。あの化粧品、私ももう、**ほぼなくなりつつあるの。**

Q.＿＿＿を韓国語にすると、どれが正しいでしょうか？

① 다 써 가

② 다 쓰고 가

③ 거의 써서 가

④ 거의 쓰고 가

STEP 3

プラスワン！ 学習　바르다

「ぬる」の韓国語には**바르다**と**칠하다**がありますが、クリームや軟膏などを肌につける場合は**바르다**を使います。【例：**상처가 난 곳에 연고를 발랐어요**／傷ついた箇所に軟膏をぬりました】。色などをぬるときは**칠하다**を使います。【例：**문을 파란 색으로 칠하고 집을 청소했다**／門を青色にぬって家を掃除した】

153

解説

① 다 써 가 19.4%

-**아/어 가다**は「〜しつつある」という意味で、**다 쓰다**は「全部使う」という意味です。そのため、**다 써 가**で「ほぼなくなりつつある」という意味になります。そのため、❶が正解です。

〈例〉청소 다 해 가는 중이야.
　　 掃除はほぼ終わりつつあるよ。

② 다 쓰고 가 20.8%

-**고 가다**は「〜してから行く」「〜し終えてから行く」という意味のため、**다 쓰고 가**は「全部使ってから行って」という意味になります。そのため、❷は間違いです。

〈例〉밥은 다 먹고 가.
　　 ご飯を全部食べてから行って。

③ 거의 써서 가 20%

-**아/어서 가다**は「〜して持っていく」という意味です。会話文では今の使用状況を話しているため、❸は間違いです。

〈例〉여기 있는 선물 다 가져 가.
　　 ここにあるプレゼント、全部持っていって。

④ 거의 쓰고 가 39.8%

「ほとんど、ほぼ」という意味の**거의**と、動作の完了を表す「〜してから行く」の-**고 가다**は一緒に使うことができないため、❹は間違いです。

66

早く家を出たから もう着いているでしょう

A 이렇게 눈이 내려서 길이 안 막힐까?

こんなに雪が降って道が渋滞しないかな?

B 영향은 있겠지만 버스 전용 차선이 있으니까 괜찮을 거예요.

影響はあるだろうけど、バス専用車線があるから大丈夫なはずよ。

A 언니가 오늘 입사식인데 이러다 <u>시간 못 맞추면 어쩌지</u>?

お姉ちゃん、今日入社式なのにこれで時間に間に合わなかったらどうしよう?

B (   ).

<u>早く家を出たからもう着いているでしょう。</u>

Q. _____ を韓国語にすると、どれが正しいでしょうか?

① 어서 집을 나갔으니 이미 도착했을걸요

② 서둘러 집을 나섰으니 이미 도착했겠죠

③ 빨리 집을 나가니 벌써 도착했는걸요

④ 일찍 집을 나서니 벌써 도착했을걸요

プラスワン! 学習　시간을 못 맞추다/어쩌죠?

時間に関する表現は普段の会話でよく使うので覚えておきましょう。「시간을 맞추다／時間に間に合わせる」「시간을 못 맞추다／時間に間に合わない」「시간을 앞당기다／時間を早める」「시간을 늦추다／時間を遅らせる」。また、어쩌죠?(どうしましょう?)は어떻게 하지요?の縮約形です(어떻게 하지요?→어찌 하지요?→어쩌지요?→어쩌죠?)。

正解 ② 서둘러 집을 나섰으니 이미 도착했겠죠

解説

① 어서 집을 나갔으니 이미 도착했을걸요 14.4%

어서は「早く」という意味ですが、主に促すときに使うため、命令文や勧誘表現と一緒に使うのが自然です。そのため、❶は間違いです。

〈例〉어서 집으로 가자.
　　　早く家に帰ろう。

② 서둘러 집을 나섰으니 이미 도착했겠죠 12.6%

서둘러は「急いで」、**나서다**は「出る、発つ」、**이미**は「すでに」という意味です。また、前の節の**-았/었으니**を根拠にしてすでに起きたことを推測するときは**-았/었겠다**を使うため、❷が正解です。

〈例〉서둘러 점심을 먹었으니 이미 외근 나갔을걸요?
　　　急いでお昼を食べたからもう外回りに出たはずですよ。

③ 빨리 집을 나가니 벌써 도착했는걸요 8.7%

-았/었는걸요は「～したのです」という意味で、すでに終わったことについて自信を持って知らせるときに使います。推測の意味では使いません。また、**벌써**は予想より早く事が進んだことを強調するときに使います。そのため、❸は間違いです。

〈例〉어젯밤에 주문했는데 오늘 아침에 벌써 도착했던걸요.
　　　昨日の夜に注文したのに今日の朝、もう届いていたんですよ。

④ 일찍 집을 나서니 벌써 도착했을걸요 64.3%

-니까、-니(～なので)は普段の習慣について言うときにも使います。その場合、**-을걸요**(～だろう)などのような推測や推量の言葉は続きません。そのため、❹は間違いです。

〈例〉항상 집을 일찍 나서니 약속 시간에 늦지 않아요.
　　　いつも家を早く出るから、約束の時間に遅れません。

67

今のところ大丈夫です

Ⓐ 그 컴퓨터 지난번에 잘 안 켜지던데 지금 어때?

あのパソコン、この前立ち上がらなかったけど、今はどう?

Ⓑ (   ).

今のところ大丈夫です。

Ⓐ 새 컴퓨터 주문은 한참 전에 했는데 배송이
밀려 있어서 좀 더 걸릴 거 같다네.

新しいパソコンの注文はずいぶん前にしたけど、配送が滞っていて
もう少しかかりそうだって。

Ⓑ 네. 새 컴퓨터 올 때까지 잘 버텨 주면 좋겠는데요.

はい。新しいパソコンが届くまで、もってくれるといいんですが。

Q.＿＿＿を韓国語にすると、どれが正しいでしょうか?

❶ 지금까지는 괜찮았어요

❷ 아직까지는 괜찮아요

❸ 지금으로선 괜찮아요

❹ 아직까지는 괜찮을 거예요

プラスワン! 学習   **한참／밀리다**

한참は「しばらく」という意味ですが、思っていた時間より長く感じたときに使います。
【例：**한참 기다려도 연락이 없어요**／しばらく待っていますが連絡がありません】。
また、**밀리다**(押される)は、「溜まる」という意味でもよく使います。【例：**빨래가 밀려
서 주말에 해야 돼요**／洗濯物が溜まっていて週末にしなければなりません】

② 今のところ大丈夫です
아직까지는 괜찮아요

正解率
50%

① 지금까지는 괜찮았어요 13.4%

지금까지는は「今までは」、**괜찮았어요**は「問題なかったです」「よかったです」という意味のため、「今までは問題なかった」、つまり「今はよくない」というニュアンスになります。そのため、❶は間違いです。

〈例〉이 시계 지금까지는 괜찮았는데 오늘부터 말썽이네.
　　　この時計、今までは大丈夫だったのに、今日からおかしいな。

② 아직까지는 괜찮아요 50%

아직까지는は「今のところ」という意味のため、❷が正解です。

〈例〉자주 문제를 일으켰던 그 사람이 아직까지는 조용하네요.
　　　よく問題を起こしていたその人は今のところ静かですね。

③ 지금으로선 괜찮아요 19.3%

지금으로선は**지금으로서는**の縮約形で「今のところ」という意味ですが、「今の段階では」というニュアンスがあるため、後続には「それしかない」などのように選択肢があまりないことを伝える言葉がくるのが自然です。

〈例〉지금으로서는 그게 최선의 해결책이에요.
　　　今の段階ではそれが最善の解決策です。

④ 아직까지는 괜찮을 거예요 17.3%

-**ㄹ/을 거예요**は「〜でしょう」という意味で、予想や願望を表すときに使います。現状をきちんと伝えるというニュアンスはないため、❹は間違いです。

〈例〉그 휴대폰 내일까지는 써도 괜찮을 거예요.
　　　その携帯電話は明日までは使っても大丈夫でしょう。

68

街がうるさくて
田舎に引っ越しました

Ⓐ 교외로 이사하셨다면서요.

郊外に引っ越しをしたそうですね。

Ⓑ 네. 제가 살았던 (   ).

はい。私の住んでいた**街がうるさくて田舎に引っ越しました。**

Ⓐ 출퇴근 시간이 너무 오래 걸리지 않아요?

通勤時間があまりにも長くないですか？

Ⓑ 그래도 자연 속에 둘러 싸여 사니까 만족해요.

それでも、自然に囲まれて暮らしているから満足です。

Q._____を韓国語にすると、どれが正しいでしょうか？

① 동네가 시끄러워서 시골에 이사했어요

② 동네가 시끄러우니까 시골로 이사했어요

③ 동네가 시끄러우니까 시골에 이사했어요

④ 동네가 시끄러워서 시골로 이사했어요

プラスワン！ 学習　**출퇴근 시간**

「通勤時間」は、**출퇴근 시간**、**통근 시간**と言います。また、「混む」は**혼잡하다**（混雑する）という表現がありますが、ネイティブは**복잡하다**、**붐비다**を主に使います。【例：**출퇴근 시간에는 항상 붐벼요**／通勤時間はいつも混んでいます】。ちなみに、「出社時間」「出勤時間」は**출근 시간**と言い、**출사 시간**とは言いません。

159

正解 ④

街がうるさくて田舎に引っ越しました
**동네가 시끄러워서
시골로 이사했어요**

正解率
32.5%

解説

① 동네가 시끄러워서 시골에 이사했어요 27.6%

「～(場所)に」の後ろに、移動や変化を表す動詞がくる場合は、**에**ではなく、**-(으)로**を使うのが正しいです。そのため、**❶**は間違いです。

〈例〉짐을 2층으로 옮기다. 荷物を2階に運びました。
　　※「짐을 2층에 옮기다」と言うと不自然です。

---

② 동네가 시끄러우니까 시골로 이사했어요 17.2%

現在や過去の状態を根拠に、誰かへの提案や呼びかけを行う場合、**-니까**を使います。問題では、提案や呼びかけをしているわけではないので、**❷**は不自然です。

〈例〉저는 요리를 좋아해서 집에서 주로 요리를 해요.
　　私は料理が好きなので、家で主に料理を作ります。

---

③ 동네가 시끄러우니까 시골에 이사했어요 22.7%

시끄러우니까も**시골에**も合っていないため、間違いです。

---

④ 동네가 시끄러워서 시골로 이사했어요 32.5%

前の節が後ろの節の理由・前提になるときなど、前後の行動につながりがある場合には、**-아/어서**を使います。問題では「うるさくて引っ越した」と、引っ越した理由を述べているため**시끄러워서**が正しいです。**시골로**も合っているため、**❹**が正解です。

69

～ほど仕事ができる人は
いないよ

**Ⓐ 김 대리는 사회성이 너무 부족해요.
회식도 참가 안 하고.**

キム代理は社会性があまりに足りません。飲み会にも参加しませんし。

Ⓑ 그래도 그 사람 ( ).

それでも、彼ほど仕事ができる人はいないよ。

Ⓐ 일만 잘하면 뭐 해요. 혼자 다니는 회사도 아닌데.

仕事だけできてどうするんですか。1人でやっている会社でもないのに。

Ⓑ 쓸데없이 남 흉만 보지 말고. 가서 자기 일이나 해.

無駄に悪口ばかり言ってないで、席に戻って自分の仕事をしなさい。

Q._____を韓国語にすると、どれが正しいでしょうか？

① 만큼 일이 할 수 있는 사람은 없어

② 만큼 일이 잘하는 사람은 없어

③ 정도 일이 잘되는 사람은 없어

④ 정도 일을 잘하는 사람은 없어

プラスワン！ 学習 -만 잘하면 뭐 해요／쓸데없다

-만 잘하면 뭐 해요は「～ができたところで、なんの意味があるんですか」という意味です。
【例：**공부만 잘하면 뭐 해. 인성이 바닥인데**／勉強だけできてどうするの。人間性がよ
くないのに】。また、**쓸데없다**は**쓸데**が「使うところ」という意味から、「使い道がない」「無
駄だ」という意味です。【例：**쓸데없는 물건이 많네**／無駄なものが多いな】

正解 ④ 정도 일을 잘하는 사람은 없어

正解率
22.9%

解説

① 만큼 일이 할 수 있는 사람은 없어 7.4%

「〜ほど」は**만큼**、または**정도로**(로は省略可能)と訳すので正しいですが、あとに**- ㄹ/을 수 있다**が続く場合、助詞は**-이/가**ではなく**-을/를**しか使えません。そのため、**❶**は間違いです。**일이**を**일을**にすると正解になります。

〈例〉그 사람만큼 일을 할 수 있는 사람이 없어.
　　　その人ほど仕事ができる人はいないよ。

② 만큼 일이 잘하는 사람은 없어 63.9%

「仕事ができる」は**일을 할 수 있다**の他、**일을 잘하다**とも言うことができます。**일이 잘하다**とは言わないため、**❷**は間違いです。

③ 정도 일이 잘되는 사람은 없어 5.8%

-이/가 잘되다は「(事)が上手く進む」という意味です。**일이 잘되다**は「仕事が上手くいく」という意味のため、**❸**は間違いです。

〈例〉오늘따라 일이 잘 된다.　　今日に限って仕事が上手くいく。
　　　요즘에는 장사가 잘 돼요.　　最近は商売が上手くいっています。

④ 정도 일을 잘하는 사람은 없어 22.9%

❹が正解です。「〜ができる」「〜が上手い」の**잘하다**は分かち書きをしないので注意しましょう。**정도**を**만큼**に変えても正解です。

〈例〉그 친구는 우리 반에서 가장 공부를 잘해요.
　　　その子はうちのクラスで一番勉強ができます。

70

人がなかなか
見つからないんだ

Ⓐ 새로운 직원을 아직도 못 구했어요?

新しい人をまだ雇えていないんですか?

Ⓑ 구인 광고는 한달째 올리고 있어.

求人広告は1カ月掲載しているよ。

Ⓐ 그럼 이력서가 꽤 들어 왔을 텐데요.

それなら、履歴書がたくさん送られてきているはずでしょう。

Ⓑ 오긴 왔지만 일을 잘하는 (   ).

きたのはきたけど、仕事のできる人がなかなか見つからないんだ。

Q._____ を韓国語にすると、どれが正しいでしょうか?

❶ 사람이 좀처럼 찾을 수 없어

❷ 사람을 좀처럼 찾아질 수 없어

❸ 사람을 잘 찾아지지 않네

❹ 사람이 잘 안 찾아지네

プラスワン! 学習　구하다

구하다は、「①探す、求める」「②手に入れる」「③救う、治す」という意味があります。【例:**인재를 구하고 있어요**/人材を探しています】。②は、倍率の高いチケットを手に入れたときなどに使います。【例:**BTS 라이브 공연 티켓 어떻게 구했어?**/BTSのライブチケット、どうやって手に入れたの?】【例:**의사는 환자를 구합니다**/医者は患者を救います】

④ 人がなかなか見つからないんだ
사람이 잘 안 찾아지네

解説

---

① 사람이 좀처럼 찾을 수 없어 38.3%

「〜が見つかる」は-을/를 찾다、-을/를 찾을 수 있다と言うため、❶の사람이 찾을 수 없다は間違いです。ちなみに、-은/는 좀처럼 없다は「〜はなかなか〜ない」という意味で、잘 없다と言い換えることができます。

〈例〉여기서는 마음에 드는 물건을 찾을 수 있어요.
　　　ここでは気に入ったものが見つかります。

　　　이렇게 좋은 소파는 잘 없어(=이렇게 좋은 소파는 좀처럼 없어).
　　　こんなにいいソファはなかなかない。

---

② 사람을 좀처럼 찾아질 수 없어 22.1%

他動詞の찾다は-아/어지다が付くと、自動詞になるとともに「可能」の意味を持ちます。-이/가 찾아지다(〜が見つかる)と-을/를 찾을 수 있다(〜を見つけることができる)は同じ意味のため、-아/어지다と-을 수 있다を一緒に使うことはできません。

〈例〉이 방법으로 하면 책이 잘 찾아집니다(=책을 잘 찾을 수 있습니다).
　　　この方法にしたら本がよく見つかります。

---

③ 사람을 잘 찾아지지 않네 23.9%

否定形の場合も、助詞は動詞に合わせて-이/가 찾아지지 않다、または-을/를 찾을 수 없다のどちらかにしないといけません。사람을を사람이とすれば正解になります。

〈例〉물건을 아무데나 두었더니 필요할 때 잘 안 찾아져(=물건이 찾아지지 않다).
　　　ものを適当に置いたら必要なときになかなか見つからない。

---

④ 사람이 잘 안 찾아지네 15.7%

-이/가 안 찾아지다는-이/가 찾아지지 않다(〜が見つからない)と同じ意味のため、❹が正解です。

71

君に編集の何がわかるんだ

Ⓐ 야, 이거 누가 편집했냐?
なあ、これ誰が編集したんだ？

Ⓑ 우리가 어제 밤새도록 한 건데.
僕たちが昨日徹夜してやったものだけど。

Ⓐ 발로 해도 이거보다 낫겠다.
あまりにひどいな。

Ⓑ (　　　　　　　　　　). 젊은 사람들 사이에서는
이런 디자인이 유행한다고.
君に編集の何がわかるんだ。若い人の間では今こんなデザインが
流行っているんだよ。

Q.＿＿＿を韓国語にすると、どれが正しいでしょうか？

① 너에게 편집의 뭐를 알아

② 너에게 편집의 뭐가 알아

③ 네가 편집에 대해 뭐 알아

④ 네가 편집에 대해 뭘 안다고

プラスワン！学習　**발로 해도 이거보다 낫다**

直訳すると、「足でやってもこれよりはマシだ」という意味で、作業の結果があまりに
もひどいときに使います。この表現から、下手な演技をすることを**발연기를 하다**と
言います。大根役者のことを言うときに使います。【例：**그 배우는 늘 발연기로 욕을
먹는다**／あの俳優は下手な演技でけなされている】

④ 君に編集の何がわかるんだ
네가 편집에 대해 뭘 안다고

正解率 48.8%

解説

① 너에게 편집의 뭐를 알아 8.1%

-에게は「〜に」という意味ですが、主に-주다（〜あげる）、-아/어 주다（〜してあげる）と一緒に使うため、❶は間違いです。「〜に（わかる）」「〜には（わからない）」と言う場合は、-은/는、または-이/가を使います。

〈例〉너에게 알려 줄게. 君に教えてあげるよ。
　　　너는 몰라.　　　　　君にはわからない。
　　　※「너에게는 몰라」とは言いません。

② 너에게 편집의 뭐가 알아 23%

「〜がわかる」は-을/를 알다が正しいため、알아を使う場合は、뭐를 알아か뭘 알아としなくてはなりません。そのため、❷は間違いです。

③ 네가 편집에 대해 뭐 알아 20.1%

뭐は무엇（何）の口語である무어の縮約形です。뭐 알아は疑問形で使い、「何か知っている？」「何か知っていることでもある？」というニュアンスになるため、❸は間違いです。

〈例〉그 연예인에 대해서 뭐 알아? 알면 알려줘.
　　　その芸能人について何か知っている？ 知っていたら教えて。

④ 네가 편집에 대해 뭘 안다고 48.8%

「〜に〜がわかる」は-이/가 -을/를 알다と言います。また、-다고は-다고 그래の그래を省略した言葉で、相手に詰め寄るときなどに使います。❹が正解です。

〈例〉네가 음악에 대해서 뭘 안다고 그래.
　　　君に音楽の何がわかるというんだ。

166

72

この道をまっすぐ行くと映画館に出ますよ

Ⓐ 저, 길 좀 여쭤 봐도 될까요?
あの、道をちょっとお聞きしてもいいでしょうか？

Ⓑ 어디를 찾으시는데요?
どこをお探しですか？

Ⓐ 극장요. 제가 길치라 지도를 봐도 모르겠네요.
映画館です。私が方向音痴で、地図を見てもわからないんです。

Ⓑ 아, 극장이요? (   ).
ああ、映画館ですね。この道をまっすぐ行くと映画館に出ますよ。

Q.＿＿を韓国語にすると、どれが正しいでしょうか？

① 이 길을 똑바로 가면 극장에 나와요

② 이 길을 똑바로 가면 극장으로 나와요

③ 이 길로 똑바로 가면 극장에 나와요

④ 이 길로 똑바로 가면 극장이 나와요

STEP 3

プラスワン！ 学習　길치

韓国語で音痴は、**음치**と言いますが、同じように方向音痴は**방향치**もしくは **길치**、運動音痴は**몸치**と言います。【例：**제가 몸치라 춤을 잘 못 춰요**／私は運動音痴だからダンスを上手く踊れません】。ちなみに、「道に迷う」は**길을 헤매다**、「道を間違える」は**길을 잘못 들다**と言います。

この道をまっすぐ行くと映画館に出ますよ

이 길로 똑바로 가면 극장이 나와요

解説

---

① 이 길을 똑바로 가면 극장에 나와요 34.5%

길을 가다でもいいですが、道を選んで行く場合は**길로 가다**（道を行く）がより自然です。
ただ、「～（場所）に出る」と言う場合は、**-에**とは言わないため、❶は間違いです。

〈例〉**그 길로 쭉 가세요.**
　　その道をまっすぐ行ってください。

---

② 이 길을 똑바로 가면 극장으로 나와요 30%

「～（場所）に出る」と言う場合、**-으로**とは言わないため、❷は間違いです。

---

③ 이 길로 똑바로 가면 극장에 나와요 9.9%

이 길로(가다)は正しいですが、❶と同じく**극장에**が正しくないため、❸は間違いです。

---

④ 이 길로 똑바로 가면 극장이 나와요 25.6%

「～（場所）に出る」と言う場合は、**-이/가 나오다**（～が現れる）と言います。**이 길로**も**극장이**も正しいため、❹が正解です。

〈例〉**이 길로 올라가면 별장이 나와요.**
　　この道を上ると別荘に出ます。

73

今では

Ⓐ 그 사람 요새 예능 프로그램에 안 나오더라.

あの人、最近バラエティーに出ないね。

Ⓑ 최근 완전히 캐릭터 바꿨잖아.

最近、完全にキャラを変えたじゃん。

Ⓐ 어쩐지 일부러 모자란 척하는 거 같더라고.

どうりで、わざとバカなふりをしているようだったもの。

Ⓑ 맞아. 그 사람 옛날에는 개성적이었는데
(   ) 평범해졌어.

そうそう。あの人、昔は個性的だったのに**今では**平凡になったよ。

Q. _____を韓国語にすると、どれが正しいでしょうか?

❶ 지금은

❷ 지금에서는

❸ 지금으로는

❹ 지금으로서는

プラスワン! 学習　모자라다

모자라다は「足りない」という意味で、**돈이 모자라다**(お金が足りない)のように使います。【例:**돈이 모자라니 아껴 써**/お金が足りないから節約して】。**생각이 모자라다**は「浅はかだ」という意味になります。【例:**생각해 보니 제가 생각이 모자랐네요**/考えてみたら私が浅はかでした】。問題のように、「知能が低い」と意味で使う場合もあります。

正解 **1** 今では
지금은

正解率
55.7%

解説

---

① 지금은 55.7%

지금은は「今は」「今では」という意味のため、❶が正解です。

〈例〉지금은 일이 끝나서 한가해요.
　　今は仕事が終わって暇です。

---

② 지금에서는 20.8%

지금에 와서는という表現はありますが、**지금에서는**という表現はありません。そのため、❷は間違いです。**지금에 와서는**は、「今となっては」「今さら」という意味で使います。

〈例〉그때 약속을 해 놓고 지금에 와서는 모른다고 하는 거야?
　　あのとき約束しておいて、今さら知らないと言うの?

---

③ 지금으로는 13.8%

지금으로는という言葉はありません。そのため、❸は間違いです。

---

④ 지금으로서는 9.7%

지금으로서는は「今のところ」という意味のため、❹は間違いです。

〈例〉지금으로서는 그게 최선이에요.
　　今のところそれが最善です。

74

入った

Ⓐ 아, 눈에 뭔가 (　　　　　　)!

あ、目になんか<u>入った</u>！

Ⓑ 이리 와 봐. ……아무 것도 없는데.

こっちにおいで。…… 何もないけど。

Ⓐ 이상하다. 근데 왜 이렇게 따갑지.

おかしいな。でもなんでこんなにヒリヒリするんだろう。

Ⓑ 너무 비비지 마. 그러다 눈알에 상처 난다.

あんまりこすらないで。そんなふうにしたら目に傷がつくわよ。

Q.＿＿＿を韓国語にすると、どれが正しいでしょうか？

①　들었어

②　들어왔어

③　들어갔어

④　들어 있어

プラスワン！ 学習　　**따갑다**

肌に関する表現は、「**따갑다**／ヒリヒリする」の他、「**가렵다**／かゆい」「**간지럽다**／くすぐったい」「**비비다**／こする」「**긁다**／掻く」「**피부가 벗겨지다**／皮がむける」「**상처가 생기다**／傷ができる」「**흉이 지다**／傷跡ができる」などがあります。【例：**가려운 곳을 긁다가 피부가 벗겨지면 따갑습니다**／かゆいところを掻いて皮がむけるとヒリヒリします】

正解 3 入った 들어갔어

正解率 **17.4%**

解説

① 들었어 24.6%

들다は他動詞の場合通常、**-을/를 들다**＝「〜を持つ」「持ち上げる」という意味で使います。自動詞として使う場合は、**도둑이 들다**（空き巣が入る）、**마음에 들다**（気に入る）、**보험에 들다**（保険に加入する）くらいでしか使いません。そのため、❶は間違いです。

〈例〉**짐을 들었어요.**
　　　荷物を持ちました。

----

② 들어왔어 45.4%

-이/가 들어오다は、ある空間に人や物が入ったとき、入ったものが「目に見える」場合に使います。問題では何が入ったか見えていないため、❷は間違いです。

〈例〉**가게에 원피스가 새로 들어왔어요.**
　　　店にワンピースが新しく入荷しました。

----

③ 들어갔어 17.4%

-이/가 들어가다は、ある空間に人や物が入ったとき、入ったものが「目に見えない」場合に使います。問題では何が入ったか見えていないため、❸が正解です。

〈例〉**신발에 흙이 들어갔어요.** 靴に土が入りました。
　　　귀에 뭐가 들어갔어. 耳に何か入った。

----

④ 들어 있어 12.6%

들어 있다は、「中にすでに何かが入っているとき」に使います。

〈例〉**박스에 뭔가 들어 있어.** ボックスに何か入っている。
　　　봉투에 돈이 들어 있어요. 封筒にお金が入っています。

75 いつ帰るの?

Ⓐ 언니, 친정에는 (　　　　　　　　　)

お姉ちゃん、実家には**いつ帰るの?**

Ⓑ 글쎄. 이번달에는 네 형부 휴가가 없어서 힘들 거 같은데.

そうね。今月は旦那の休暇がなくて難しそうだけど。

Ⓐ 그냥 언니만 잠깐 들렀다 가면 안 돼?

お姉ちゃんだけ、ちょっと寄れない?

Ⓑ 그럴까? 형부랑 상의 좀 해 볼게.

そうしようか?　旦那と相談してみるよ。

Q. _____ を韓国語にすると、どれが正しいでしょうか?

① 언제 가?

② 언제 돌아가?

③ 언제 들어가?

④ 언제 돌아와?

STEP 3

プラスワン! 学習　언니/형부

韓国語は、身内の呼び方が決まっています。自分が女性の場合は、「**언니**／お姉さん」「**오빠**／お兄さん」「**올케**or**새언니**／お兄さんの妻」「**형부**／お姉さんの夫」「**올케**／弟の妻」「**제부**／妹の夫」と呼びます。自分が男性の場合は、「**누나**／お姉さん」「**형**／お兄さん」「**형수**／お兄さんの妻」「**매형**／お姉さんの夫」「**제수씨**／弟の妻」「**매부**／妹の夫」と呼びます。

173

1 いつ帰るの?
언제 가?

解説

① 언제 가? 29.9%

집에 가다は「家に行く」や「家に帰る」という意味で、**친정에 가다**は「実家に帰る」という意味になります。そのため、❶が正解です。

〈例〉설에는 고향집에 갑니다.　お正月は田舎の実家に帰ります。

② 언제 돌아가? 33.8%

돌아가다は、「元の場所に戻る」ときに使うため、❷は不自然です。

〈例〉미팅 끝났으니 회사로 돌아갈게.
　　ミーティングが終わったから会社に戻るよ。

③ 언제 들어가? 18.5%

들어가다は「自分の家に帰る」ときに使います。問題では自分の家ではなく実家に帰る日を聞いているので、❸は不自然です。

〈例〉먼저 들어갈게.　先に帰るよ。

④ 언제 돌아와? 17.8%

돌아오다は、「家にいる人が外にいる誰かについて話す」ときに使います。そのため、❹は不自然です。

〈例〉언제 돌아와?　いつ帰ってくるの?

76 服が入らないの

(A) 점심에 카레나 먹으러 갈까?

お昼にカレーでも食べに行こうか?

(B) 아니, 난 사무실에서 단백질 보충제 먹으려고.

ううん、私は会社でタンパク質のサプリメントを飲もうと思って。

(A) 왜? 다이어트해? 네가 뺄 게 어딨다고?

なんで?　ダイエットしてるの?　痩せる必要ないじゃない。

(B) 무슨 소리야. 재택근무로 살이 쪄서 (   ).

何言ってるの。在宅勤務で太っちゃって**服が入らないの**。

Q._____を韓国語にすると、どれが正しいでしょうか?

① 옷이 못 들어가

② 옷을 못 들어가

③ 옷이 안 들어가

④ 옷을 안 들어가

プラスワン!　学習　살이 찌다

살이 찌다は「太る」という意味です。「살이 빠지다／痩せる」「살이 붙다／肉がつく」「살을 빼다／ダイエットをする」「살집이 있다／肉づきがいい」「날씬하다／すらっとしている」「몸매가 좋다／スタイルがいい」「요요 현상, 요요／リバウンド」。【例：운동해서 살을 뺐는데 한 달만에 요요가 왔어／運動して痩せたのに1カ月でリバウンドした】

解説

① 옷이 못 들어가 38.5%

못 들어가다（入れない）は人や動物が主語のときに使うため、❶は間違いです。

〈例〉청소년은 술집에 못 들어간다.
青少年は居酒屋には入れない。

----

② 옷을 못 들어가 22.5%

들어가다は自動詞なので、-을/를を付けることはできません。-이/가とするのが正しいです。また、❶で解説したように、못 들어가は人や主語のときに使うため、❷は間違いです。

----

③ 옷이 안 들어가 32.7%

❸が正解です。不可能の表現をつくる場合、動詞の前に못を付けますが、韓国語の自動詞の中には、すでに可能の意味が含まれているものもあるため、못を付けて不可能の意味にすることができない場合があります。例えば、들리다（聞こえる）も自動詞ですが、못 들리다とは言わず、안 들리다と言います。

〈例〉소리가 안 들려.
音が聞こえない。

----

④ 옷을 안 들어가 6.3%

안 들어가は正しいですが、옷을が合っていないため、❹は間違いです。

77

（症状が）出るんです

Ⓐ **자세를 바꾸면 어지럽고 이상한 소리가 들려요.**
姿勢を変えるとめまいがして変な音が聞こえるんです。

Ⓑ **메니에르병 같네요. 언제부터 그런 증상이 시작됐나요?**
メニエール病のようですね。いつからそのような症状が始まりましたか?

Ⓐ **한달쯤 전부터요. 어제부터 한쪽 귀가 먹먹하고요.**
1カ月ほど前からです。昨日から片方の耳が聞こえにくくて。

Ⓑ **그 병에 걸리면 그런 증상이 (   ).**
その病気にかかるとそういう症状が**出るんです**。

Q. _____ を韓国語にすると、どれが正しいでしょうか?

① **나옵니다**

② **납니다**

③ **생깁니다**

④ **나갑니다**

プラスワン! 学習　**어지럽다**

「めまいがする」は현기증이 나다と言いますが、**어지럽다**とも言います。【例:**나 좀 어지러우니까 누워 있을게**／私ちょっとめまいがするから横になっているね】。**어지럽다**は他に、「散らかっている」という意味でもよく使います。【例:**방 좀 치워라. 너무 어지럽잖아**／ちょっと部屋を片づけなさい。すごく散らかっているじゃない】

正解 ③ （症状が）出るんです
생깁니다

正解率
24%

① 나옵니다 53.2%

나오다は「実際に何か物質が出る」ときに使い、「症状」には使いません。そのため、❶は間違いです。

〈例〉**콧물이 나와요.**
鼻水が出ます。

자판기에서 음료수가 나와요.
自販機から飲み物が出ます。

---

② 납니다 17.8%

나다は「何かが起きるとき」に使います。そのため、❷は間違いです。

〈例〉**사고가 나다.**
事故が起きる。

고장이 나다.
故障する（＝故障が起きる）。

---

③ 생깁니다 24%

「症状が出る」と言う場合は、**증상이 생기다**または**증상이 나타나다**を使います。❸が正解です。

〈例〉**피곤할 때 그런 증상이 생겨요.**
疲れているときにそういう症状が出ます。

---

④ 나갑니다 5%

나가다は中から外に「出ていくとき」に使います。そのため、❹は間違いです。

〈例〉**오늘은 오전에 일이 없어서 오후에 나갑니다.**
今日は午前中に仕事がないので、午後に出ます。

78

手に持ったもの

Ⓐ 지금 (　　　　　　　　　　) 뭐야?
今**手に持ったもの**、何?

Ⓑ T-money 카드야. 한국에서 전철이나 버스를
탈 때 편하니까 가지고 있는 편이 좋아.
T-moneyカードだよ。韓国で電車やバスに乗るときに便利だから
持っておいたほうがいいよ。

Ⓐ 현금으로 충전할 수 있어?
現金でチャージできるの?

Ⓑ 응, 역이나 편의점에서 할 수 있어.
K-POP 아이돌이 들어간 카드도 있고.
うん、駅やコンビニでできるよ。
K-POPアイドルとコラボしたカードもあるんだよ。

Q. ＿＿＿＿を韓国語にすると、どれが正しいでしょうか?

① 손에 든 거

② 손에 가진 거

③ 손에 잡힌 거

④ 손에 잡은 거

プラスワン! 学習　충전

交通系カードにお金をチャージするときは**차지**ではなく**충전**(充填)と言います。携帯電話などの充電も**충전**と言い、「充電器」は**충전기**と言います。【例: **요즘은 스마트폰으로도 전철비 충전이 됩니다**／最近はスマートフォンでも電車賃のチャージができます】【例: **혹시 충전기 가지고 있어?**／もしかして充電器持っている?】

正解 ① 手に持ったもの 손에 든 거

正解率 38.1%

解説

① 손에 든 거 38.1%

「手に持つ」は、**손에 들다**と言い、持ったものが目に見える状態のときに使います。そのため、❶が正解です。

〈例〉**손에 들고 있으면 무거우니 내려놓으세요.**
手に持っていると重いので置いておいてください。

② 손에 가진 거 19.3%

가지다は他動詞のため、**-에 가지다**とは言わず、**-을/를**と一緒に使います。また、**가지다**は손と一緒には使えません。そのため、❷は間違いです。ちなみに、**-을/를 가지다**は、「所有している」という意味でも使います。

〈例〉**돈을 가지다.**
お金を持つ(＝手に入れる、自分のものにする)。

③ 손에 잡힌 거 5.9%

손에 잡히다は「手に入る」「捕れる」という意味のため、❸は間違いです。

〈例〉**손에 잡힌 것은 물고기였다.**
捕れたのは魚だった。

④ 손에 잡은 거 36.7%

잡다は**가지다**と同じように他動詞なので、**-에 잡다**とは言いません。**-을/를**と一緒に使うのが正しいです。そのため、❹は間違いです。

79

（顔が）売れた

A 이 사람이 그 드라마 주제가를 불렀다면서?

この人があのドラマの主題歌を歌ったんだって？

B 맞아. 요즘 거리에서 그 노래만 나오더라.

そうそう。最近、街であの歌ばかり流れているよね。

A 무명 기간이 엄청 길었다며.

無名の期間がすごく長かったんだって。

B 그러게. 이번에 빅히트곡을 내면서
얼굴이 （　　　　　　　　　　　） 가수가 됐거든.

そうだね。今回大ヒット曲を飛ばして、顔が**売れた**歌手になったよね。

Q. ＿＿＿＿を韓国語にすると、どれが正しいでしょうか？

① 알린

② 알려진

③ 팔린

④ 팔려진

プラスワン！ 学習　-거든

-거든は、「①理由を言うとともに知らせるとき」「②言い張るとき」「③条件を伝えるとき」に使います。【例：지금 집에 갈래. 몸이 안 좋거든／今家に帰る。体の調子がよくないの】【例：나도 명품 있거든／私もブランド品持っているわ】【例：일본 오거든 전화 해／日本に来たら電話してね】

正解 **2** （顔が）売れた
알려진

正解率
63.9%

解説

① 알린 14.8%

알리다は「知らせる」という意味で、他動詞のため**-을/를**と一緒に使います。そのため、❶は間違いです。**얼굴이 알린**を**얼굴을 알린**に変えたら正解になります。

〈例〉그 배우는 이 영화로 얼굴을 많이 알리게 됐어요.
　　その俳優はこの映画で顔を広く知られるようになった。

- -

② 알려진 63.9%

알려지다は「知られる」「売れる」という意味のため、❷が正解です。

〈例〉그렇게 알려진 사람을 부르려면 출연료가 비싸.
　　そんなに売れている人を呼ぼうとしたら出演料が高いよ。

- -

③ 팔린 11.3%

「顔が売れる」を直訳して**얼굴이 팔리다**とは言いません。俗語の**쪽(얼굴)이 팔리다**(恥ずかしい思いをする)はよく使われます。

〈例〉거기서 쪽 팔린 경험을 많이 했어요.
　　そこで恥ずかしい経験をたくさんしました。

- -

④ 팔려진 10%

팔다の受け身は**팔리다**のため、間違いです。**팔려지다**という言葉はありません。「よく売れる」は**잘 팔리다**と言います。

〈例〉이 상품이 요즘 잘 팔려요.
　　この商品が最近よく売れています。

80

（駅の）ホーム

Ⓐ 야, 너 어디야? 이미 다 모였어!

今どこにいるの? もうみんな集まってるよ!

Ⓑ 미안, 사실 아직도 집 근처 역 (　　)에 있어.
사고가 났는지 아까부터 전철이 안 움직여.

ごめん、実はまだ、最寄り駅の**ホーム**にいるの。
事故が起きたのか、さっきから電車が動かなくて。

Ⓐ 복구 예정이 언제래?

復旧予定はいつだって?

Ⓑ 아직 모른대. 다른 노선도 없으니 기다리는 수밖에.

まだわからないらしい。他の路線もないから待つしかないよ。

Q._____を韓国語にすると、どれが正しいでしょうか?

① 홈

② 정류장

③ 플랫홈

④ 승강장

プラスワン! 学習　-(이)래

関節話法の縮約形は名詞の場合、-(이)라고 해 = -(이)래です。【例:걔 천재
라고 해 = 걔 천재래／あの子天才だって】。動詞の場合は、-ㄴ/는다고 해 =
-ㄴ/는대。【例:집에 간다고 해 = 집에 간대／家に帰るって】。形容詞の場合
は、-다고 해 = -대となります。【例:고기가 좋다고 해 = 좋대／肉がいいって】

解説

① 흠 20.6%

흠は「home」(家)のため、間違いです。日本語の「(駅の)ホーム」は英語の「platform」からきていますが、「form」(フォーム、姿勢、形)を韓国語にした場合は、**폼**になります。

〈例〉마이 흠은 모두의 꿈이다.　　マイホームはみんなの夢である。
　　춤을 추는 폼이 이상하잖아.　踊る姿勢がおかしいじゃん。

----

② 정류장 10.8%

정류장は「停留場」という意味で「バス」のみに使い、電車の駅の場合は**정거장**(停車場)を使います。そのため、❷は間違いです。

〈例〉여기서 몇 정거장 걸려요?
　　ここから何駅かかりますか?

----

③ 플랫홈 41.9%

platformの場合は、**플랫홈**ではなく**플랫폼**が正解です。そのため、❸は間違いです。

〈例〉지금 플랫폼에서 전철을 기다리고 있어.
　　今ホームで電車を待っているよ。

----

④ 승강장 26.7%

ホームは**플랫폼**も使いますが、韓国では**승강장**(昇降場)がより一般的です。**승강장**は**전철**／**버스**／**택시**など一般的な交通手段の乗り降りする場所のことを言います。そのため、❹が正解です。

〈例〉사고가 나서 전철이 안 오니 택시 승강장에 사람들이 줄을 길게 섰다.
　　事故が起きて電車が来ないので、タクシー乗り場に長い行列ができた。

81

（データの）保存

Ⓐ 어, 갑자기 인터넷이 먹통이네.

あ、急にインターネットが通じなくなった。

Ⓑ 그러게요. 이제까지 한 작업을 날리면 어쩌죠?

そうですね。これまでやった作業が無駄になったらどうしましょう?

Ⓐ 아마 통째로 날리는 일은 없을 테지만 작업 후에
데이터는 반드시 (　　　　　) 하세요.

たぶん丸ごとデータが飛ぶことはないと思うけど、作業後、
データは必ず**保存**してください。

Ⓑ 네. 아까 한번 메일로 보내 놨으니 그나마
다행이에요.

はい。さっき一度メールで送っておいたので、それだけでもよかったです。

Q. ＿＿＿＿を韓国語にすると、どれが正しいでしょうか?

❶ 조장

❷ 저장

❸ 보존

❹ 보전

プラスワン! 学習　먹통

먹통は「墨の桶」という意味ですが、真っ暗で中が見えないことから、「使えない」「つながらない」という意味として使われるようになりました。【例:**휴대폰이 먹통이 됐어**／携帯電話がダメになった】。よく**쇄도하다**(殺到する)と一緒に使われます。【例:**접속이 쇄도해서 홈페이지가 먹통이 됐어**／アクセスが殺到し、ホームページがつながらなくなった】

正解 2 （データの）保存
저장

正解率
60.5%

解説

---

① 조장 13.7%

조장은「助長」という意味のため、間違いです。

〈例〉그런 이야기는 불법행위을 조장하는 겁니다.
　　そういう話は違法行為を助長します。

----

② 저장 60.5%

저장は「貯蔵」という意味です。データの保存の場合はこの**저장**を使うため、❷が正解です。

〈例〉다 쓴 보고서는 이 폴더에 저장하세요.
　　書き終わった報告書はこのフォルダに保存してください。

----

③ 보존 12%

보존は「保存」ですが、「データの保存」を**데이터의 보존**とは言いません。**보존**は、環境保護のように遺跡や自然環境などをそのまま維持、管理するときに使います。そのため、❸は間違いです。

〈例〉문화 유산을 보존해야 한다.
　　文化遺産は保存しなくてはならない。

----

④ 보전 13.8%

보전は「補填」という意味のため、間違いです。

〈例〉그 사건으로 발생한 영업 손실액은 보전해 드리겠습니다.
　　その事件で発生した営業損失額は補填いたします。

82

お開きに

Ⓐ **더 하실 말씀이나 나누실 안건 있으십니까?**
他に話したいことや議論したい案件はありますか?

Ⓑ **아니요. 괜찮습니다.**
いいえ。大丈夫です。

Ⓐ **그러면 오늘 모임은 이쯤에서 (   )
하겠습니다.**
それでは、今日の集まりはこのへんで**お開きに**させていただきます。

Ⓑ **그럼 다음 모임에 뵙도록 하지요.**
それでは、つぎの会議でお会いしましょう。

Q. _____ を韓国語にすると、どれが正しいでしょうか?

① **마치도록**

② **열리도록**

③ **열도록**

④ **끝나도록**

プラスワン! 学習　**쯤**

쯤には、3つの意味があります。1つ目は「へん(辺)」です。【例:그건 그쯤에서 그만하지 그래? ／ **그쯤에서** 그만하지 그래?】。2つ目は「くらい」です。【例:그건 얼마쯤 하나요? ／ それはいくらくらいしますか?】。3つ目は「頃」です。これは**경**や**께**に言い換えることができます。【例:2시쯤(=2시경、2시께) 만납시다／ 2時頃に会いましょう】

正解 ① お開きに マチ도록

解説

① 마치도록 67.2%

「お開きにする」は「終える」という意味のため、❶마치다（終える）が正解です。

〈例〉회의를 마치겠습니다.
　　会議を終えます。

② 열리도록 6.1%

열리다は「開く」という意味のため、❷は間違いです。

〈例〉가게의 문이 열렸어요.
　　店の扉が開きました。

③ 열도록 3.3%

열다は「開ける」という意味のため、❸は間違いです。

〈例〉창문을 열었어요.
　　窓を開けました。

④ 끝나도록 23.4%

끝나다は「終わる」という意味ですが、自動詞のため間違いです。끝내도록（終わらせるように）とすれば正解になります。

〈例〉3시까지 끝내도록 하세요.
　　3時までに終わらせるようにしてください

83

音読してみたら

A 한국어 공부는 갈수록 태산이야.
韓国語の勉強はすればするほど、やることがたくさんあるな。

B 왜 그렇게 생각하는데?
なんでそう思うの?

A 단어도 많고 무엇보다 (　　　　　　　)
자신의 한국어가 아직 부족하다는 걸 알았어.
単語も多いし、何より**音読してみたら**、自分の韓国語がまだまだ
なのがわかったよ。

B 하긴 혼자서 발음 공부까지는 어렵지.
たしかに、1人で発音の勉強までするのは難しいよね。

Q.＿＿＿を韓国語にすると、どれが正しいでしょうか?

① 음독 해 보면

② 음독 해 보니

③ 소리 내어 읽어 보니

④ 소리 내서 읽어 보면

プラスワン! 学習　갈수록 태산

갈수록 태산は、直訳すると「行けば行くほど大きい山が現れる」という意味です。「一難
去ってまた一難」という意味で使います。似ている表現で**산 넘어 산**(山を超えたらまた
山)があります。また、状況が悪化する一方であることを、**설상가상**(雪上加霜)と言いま
す。「雪の上に霜が降る」ということから、「踏んだり蹴ったり」という意味になります。

音読してみたら
소리 내어 읽어보니

正解率
35.8%

解説

① 음독 해 보면 12.7%

音読のことを韓国語で**음독**とは言いません。なぜなら、**음독**＝「飲毒（服毒）」と勘違いされるからです。韓国では、**음독**は**음독자살**（服毒自殺）などでよく使います。また、**-해 보면**は「〜してみれば」という意味のため、後ろの節は現在形、または未来形でなくてはなりません。そのため、❶は間違いです。

② 음독 해 보니 36.9%

-아/어 -보니は「〜してみたら」という意味で、経験して何かがわかったときに使うため、正しいです。しかし、**음독**が合っていないため、❷は間違いです。

〈例〉매일 운동을 해 보니 몸이 좋아졌다.
　　　毎日運動をしてみたら、体の調子がよくなった（＝体の調子がよくなったことがわかった）。

③ 소리 내어 읽어 보니 35.8%

日本語の「音読」は**소리를 내어 읽기**（＝**소리를 내서 읽기**）が最も自然です。❸が正解です。

④ 소리 내서 읽어 보면 14.6%

-(으)면（〜してみたら）は、後ろの節を未来形にしなくてはいけません。そのため、❹は間違いです。すでに起きたことについて言う場合は**-니**、**-니까**にするのが正しいです。

〈例〉이 문장을 소리 내서 읽어보면 자신의 한국어가 부족하다는 걸 알 거예요.
　　　この文章を音読してみたら、自分の韓国語がまだまだなのがわかると思いますよ。

「家に帰る」は「집에 돌아가다」じゃない？

「家に帰る」という韓国語は、いくつか言い方があるのをご存知でしょうか。「帰る」を直訳すると**돌아가다**のため、多くの韓国語を学び始めたばかりの人が「家に帰る」を**집에 돌아가다**と言います。

　ところが、ネイティブは日常的に**집에 돌아가다**とはあまり言いません。**돌아가다**という言葉は「元の位置に戻る」という意味があり、主に、外回りに出て会社に戻るときや、家出をした子が家に帰ってきたとき、旅行先で観光を終えて宿に戻るときなどに使います。

＜例＞

　외근 나갔다가 회사로 돌아가는 길입니다.
　外回りを終えて会社に戻るところです。
　아빠가 용서할 테니 집으로 돌아와라.
　お父さんが許すから家に帰ってこい。
　많이 걸었더니 피곤하네. 먼저 호텔로 돌아갈게.
　たくさん歩いたから疲れたよ。先にホテルに戻るね。

　では、会社や学校を終えて「家に帰る」ときはなんと言うのでしょうか？
　その場合は**집에 들어가다**と言います。**들어가다**はある空間の中に「入る」という意味ですが、家の外で大変なことが終わって「落ち着くところに入る」という意味から、このように言います。会話では、**집**を省略することも多いです。

＜例＞

　저 먼저 들어갈게요.
　私、先に帰ります。
　집에 언제 들어 와?
　家にいつ帰ってくるの？

また、家に帰ることを**집에 가다**とも言います。使い方は、**집에 들어가다**とほぼ同じです。

　では、「家に帰る」と言うときに**돌아오다**はまったく使えないのでしょうか?

　そうとは限りません。第三者が、誰かが家に「帰ってくる」こと自体を強調するときなどは使います。

＜例＞

언니가 집에 돌아오기 전까지 숙제를 끝내야 돼.

姉が家に帰ってくる前までに宿題を終わらせなきゃいけないの。

곧 엄마가 일을 끝내고 돌아오는 시간이니 그때 같이 먹자.

もうすぐお母さんが仕事を終えて帰ってくる時間だから、そのときに一緒に食べよう。

　普段、仕事や学校を終えて家に帰ると言いたいときは、**들어가다**を使うのが最も一般的だということを覚えておきましょう。

これでネイティブに

もっと近づく!

84

こんな時間だとは気づかず

Ⓐ 오늘 온라인으로 나눈 이야기 너무 재미 있었어요.
今日オンラインでした話、すごく面白かったです。

Ⓑ 그러네. 벌써 (　　　　　　　　　　　)
외출 준비도 못 했네!
そうだね。もう**こんな時間だとは気づかず**、出かける準備もできなかったよ！

Ⓐ 어디 나가셔야 하나 봐요?
どこか出かけないといけないんですか？

Ⓑ 슈퍼 문 닫기 전에 장보러 갔다 와야 해서요.
スーパーが閉まる前に買い物に行かなくてはいけなくて。

Q. ＿＿＿を韓国語にすると、どれが正しいでしょうか？

① 이런 시간인 줄도 모르고

② 시간이 이렇게 된 줄도 모르고

③ 시간이 이런 줄도 몰라서

④ 이런 시간이 된 줄도 몰라서

プラスワン！ 学習　　장을 보다

　장을 보다の**장**は「市場」の「場」からきています。市場に行って品物を見ながら買うので、**장을 보다**で「買い物をする」という意味になりました。洋服やかばん、靴などを買う場合は**쇼핑을 하다**と言い、食材や飲み物、ティッシュなどを買う場合は**장을 보다**と言います。

正解 ② こんな時間だとは気づかず
시간이 이렇게 된 줄도 모르고

正解率 33.8%

解説

① 이런 시간인 줄도 모르고 28.1%

이런 시간은 **이런거 하는 시간**の略で、「こういうことをする時間」という意味です。そのため、❶は間違いです。

〈例〉오늘 수업이 이런 시간인 줄 몰랐어요.
今日の授業がこういうことをする時間だと思いませんでした。

문법을 배우는 시간인 줄 모르고 회화하는 시간이라고 생각했어요.
文法を習う時間だと知らず、会話をする時間だと思っていました。

② 시간이 이렇게 된 줄도 모르고 33.8%

「(もう)こんな時間だ」は**시간이 이렇게 됐네**と言うため、「こんな時間だとは気づかず」は**시간이 이렇게 된 줄도 모르고**になります。❷が正解です。よく使うフレーズなのでこのまま覚えるといいでしょう。

〈例〉이야기하다 보니 즐거워서 시간이 이렇게 된 줄 몰랐네요. 슬슬 가야겠어요.
話していたら楽しくてこんな時間だとは気づかなかったです。そろそろ帰ります。

③ 시간이 이런 줄도 몰라서 8.9%

이런 줄도 모르다は「こうなっていると思わなかった」という意味で、時間について話すときには使えません。そのため、❸は間違いです。

〈例〉이건 제 선물이에요? 이런 줄도 모르고 다른 사람에게 주려고 했네요.
これは私へのプレゼントですか？　そうだと知らずに他の人にあげようとしました。

④ 이런 시간이 된 줄도 몰라서 29.2%

「こういうことをする時間になったことも気づかず」という意味のため、不自然です。

85 できあがるまでは

Ⓐ **TV에서 소개된 유명 가게의 빵을 먹어 보고 싶다.**
テレビで紹介された有名店のパンを食べてみたい。

Ⓑ **소개된 레시피대로 지금 만들고 있어.**
紹介されていたレシピ通りに、今作ってるよ。

Ⓐ **정말? 그럼 곧 되는 거야?**
本当? じゃあ、すぐできる?

Ⓑ **빵이 (　　　　　)시간이 좀 더 걸리지.**
맛이 있을지는 장담 못 하지만.
パンが**できあがるまでは**もう少し時間がかかるよ。
おいしいかどうかは断言できないけど。

Q._____を韓国語にすると、どれが正しいでしょうか?

① **되려면**

② **되기에는**

③ **될 때까지는**

④ **될 데까지는**

プラスワン！ 学習　장담하다

　장담(壯談)하다는、確信を持って言うときに使います。【例:**방금 한 말, 장담할 수 있어?** /今言ったこと、断言できるの?】。さらに大げさに言うときは**호언장담**(豪言壯談)**을 하다、큰소리를 치다**(大口を叩く)と言います。

正解 ① できあがるまでは
되려면

正解率 **6.2%**

解説

① 되려면 6.2%

-(으)려면は「〜するには」または「〜するときまで」という意味で使います。❶が正解です。

〈例〉여기서 박물관에 가려면 버스를 타세요.
　　ここから博物館に行くにはバスに乗ってください。

　　성인이 되려면 1년 남았어요.
　　大人になるまであと１年です。

....

② 되기에는 16%

-기에는は「〜するのに」という意味で、-기에는 좋다、-기에는 나쁘다などのように、いいかどうか判断するときによく使います。そのため、❷は間違いです。

〈例〉이 크기가 먹기에는 좋다.
　　この大きさが食べるにはいい。

　　이런 물건은 보기에는 좋지만 쓰기에는 불편해.
　　こういうものは見るにはいいけど、使うには不便だよ。

....

③ 될 때까지는 72%

-ㄹ/을 때까지는は「〜するまで」という意味で、何かをしないで「待つ」ときに使います。そのため、❸は間違いです。까지を使う場合は、되기까지는とすると正しくなります。

〈例〉엄마가 올 때까지는 TV 보지 마.
　　お母さんが来るまではテレビは観ないで。

....

④ 될 데까지는 5.8%

-데까지는を使う場合は、現在連体形を使った-는 데까지는にするのが正しいです。そのため、❹は間違いです。되는 데까지는にしたら正解になります。ちなみに、까지は省略することができます。

〈例〉어른이 되는 데까지는 10년이 필요해.　大人になるまでには１０年が必要だ。
　　얼음이 되는 데는 30분이 걸려.　　　氷になるまでには３０分かかるよ。

あきらめないことを 願っています

A 그 시험, 벌써 3년째 보고 있는데 이번에도 안 될 거 같아요.

その試験、もう3年目ですが、今回もダメだと思います。

B 방송국 아나운서가 되는 게 꿈이라면서요?

テレビ局のアナウンサーになるのが夢なんですって?

A 네, 그래서 계속하고 있는데 마음처럼 잘 안 되네요.

はい、それでずっと続けているんですが、思うように上手くいきませんね。

B 그래도 나는 당신이 꿈을 ( ).

それでも、私はあなたが夢を**あきらめないことを願っています。**

Q. ＿＿＿を韓国語にすると、どれが正しいでしょうか?

① 포기하지 않는 것을 기원해요

② 포기하지 않았으면 좋겠어요

③ 포기하지 않기를 바라고 있어요

④ 포기하지 않게 되기를 바랍니다

プラスワン！ 学習　**시험**

「試験に受かる」は**시험에 붙다**と言い、「試験に落ちる」は**시험에 떨어지다**の他に、「試験に滑る」という意味から**미끄러지다**とも言います。【例：**이번 시험에도 미끄러졌어**／今回の試験も落ちた】。**미역국을 마시다**、物を食べるも試験に落ちるという意味です。**미역국**も物も滑りやすいからです。

あきらめないことを願っています

3 포기하지 않기를 바라고 있어요

解説

① 포기하지 않는 것을 기원해요 17.5%

「〜することを願う、祈る」と言うときの、「〜することを」は-기를を使います。「あきらめないこと」を直訳した**포기하지 않는 것**は不自然です。

〈例〉이번엔 합격하기를 바랍니다.
　　今回は合格することを祈ります。

　　꼭 성공하기를 바라고 있어.
　　必ず成功することを願っている。

② 포기하지 않았으면 좋겠어요 27.1%

-지 않았으면 좋겠다は、「（私はあなたが）〜しないでほしいと思う」という意味のため、表現自体は間違いではありませんが、「〜を願っている」とは少しニュアンスが違うため、この問題の答えとしては不自然です。

〈例〉네가 그 일을 그만두지 않았으면 좋겠어.
　　君がその仕事を辞めないでほしいと思う。

③ 포기하지 않기를 바라고 있어요 30.4%

-지 않기를 바라다は「〜しないことを願う」という意味のため、❸が正解です。

〈例〉힘든 일이 있더라도 좌절하지 않기를 바랍니다.
　　大変なことがあったとしても挫折しないことを願います。

④ 포기하지 않게 되기를 바랍니다 25%

-않게 되기를は「〜しないようになることを」という意味のため、不自然です。

87 上司に小言を言われたんだよ

Ⓐ 오늘따라 왜 그렇게 풀이 죽어 있어?
今日はなんでそんな落ち込んでるんだ？

Ⓑ 아니, (   ).
いや、上司に小言を言われたんだよ。

Ⓐ 뭘 잘못 했길래? 또 지각했구나?
何をやらかしたんだ？　また遅刻したんだな？

Ⓑ 응, 어제 넷플릭스 드라마 보다가 좀 늦게 자는 바람에.
うん、昨日Netflixのドラマを見ていて少し寝るのが遅かったから。

Q. ＿＿＿を韓国語にすると、どれが正しいでしょうか？

① 상사가 한말 했거든

② 상사가 한소리 말했거든

③ 상사에게 한소리 들었거든

④ 상사에게 한소리 말해졌거든

プラスワン！ 学習　풀이 죽다

풀이 죽다の풀は「勢い」「元気」という意味で、풀이 죽다は「落ち込む」という意味です。의기소침(意気消沈)해지다とも言います。기운이 없다(元気がない、気力がない)や기가 죽다(気が死ぬ＝委縮する、気を落とす)もよく使います。

③ 上司に小言を言われたんだよ
상사에게 한소리 들었거든

正解率
32.1%

解説

---

① 상사가 한말 했거든 22.8%

「小言」は**한말**と言わず、**한소리**と言います。そのため、**❶**は間違いです。

---

② 상사가 한소리 말했거든 22.3%

한소리 말하다は**소리**に「言葉」という意味があるので、さらに**말하다**を付けると不自然です。**한소리 하다**なら正解になります。**소리**は「声（音）」という意味もあり、その場合は**-로**を付けたら**말하다**と一緒に使っても問題ありません。

〈例〉극장에서는 작은 소리로 말하세요.
　　映画館では小さい声で話してください。

---

③ 상사에게 한소리 들었거든 32.1%

「上司に小言を言われた」は「上司に怒られた」という意味のため、小言という意味の**한소리**を使うのは正しいです。また、「〜に言われる」は**-에게 듣다**と言うため、**❸**が正解です。

〈例〉집에 늦게 들어갔더니 엄마에게 한소리 들었어.
　　家に遅く帰ったら、お母さんに小言を言われたよ。

---

④ 상사에게 한소리 말해졌거든 22.8%

말하다は受け身の言葉にはできないため、**말해지다**とは言いません。そのため、**❹**は間違いです。**-이/가 한소리 하다**（〜が小言を言う＝〜に小言を言われる）は使います。

〈例〉선배가 한소리 했다.
　　先輩に小言を言われた。

88　手がふさがっているの

Ⓐ 오늘 밤 친구가 가르쳐 준 닭한마리 가게 안 갈래?
今日の夜は友達が教えてくれたタッカンマリのお店に行かない？

Ⓑ 그럴까? 전화로 예약할 수 있어?
난 지금 양손에 짐을 들고 있어서 (　　　).
そうしようか。電話で予約してくれる？
私、両手に荷物を持っていて**手がふさがっているの**。

Ⓐ 여행 온 건데 쇼핑을 너무 많이 하는 거 아냐?
旅行に来たのに、買い物をしすぎじゃないか？

Ⓑ 그래도 이참에 세일 품목 많이 사 가야지.
それでも、この機会にセール品をたくさん買っていかなきゃ。

Q.＿＿＿を韓国語にすると、どれが正しいでしょうか？

① 손이 막혔어

② 손이 못 움직여

③ 손이 쓸 수 없어

④ 손이 없어

プラスワン！学習　그럴까？／이참에

그럴까?는 그렇게（그리）할까?를 短縮した言葉で、「そうしようか」という意味です。相手の提案を受け入れるときに「**그럼, 그럴까요?** /では、そうしましょうか」と言います。また、**참**は「機会」という意味で、「これを機に」と言う場合、**이참에**を使います。

解説

① 손이 막혔어 44.3%

「手がふさがる」を**손이 막히다**とは言いません。そのため、❶は間違いです。**막히다**は「詰まる」という意味です。また、**막히다**は**말문이 막히다**(呆れて言葉が出ない)などの慣用表現でも使われます。

〈例〉감기 때문에 코가 막혔어요.
　　 風邪のせいで、鼻が詰まりました。

----

② 손이 못 움직여 7.8%

「手を動かせない」という意味で使う場合は**손이**を**손을**に変えないといけません。そのため、❷は間違いです。

〈例〉어깨를 다쳐서 손을 못 움직여.
　　 肩を怪我して手を動かせないの。

----

③ 손이 쓸 수 없어 23.4%

「手を使えない」という意味で使う場合は**손이**を**손을**に変えないといけません。そのため、❸は間違いです。**손을 쓰다**は「手を打つ」という意味でも使います。

〈例〉지금 손을 쓰면 상황이 더 악화되지는 않을 겁니다.
　　 今手を打てば、状況がもっと悪化することはないと思います。

----

④ 손이 없어 24.5%

「手がふさがる」は「使える手がない」という意味で、**(쓸 수 있는) 손이 없다**と言います。❹が正解です。

〈例〉지금 손이 없어서 전화를 못 받으니 메일로 보내 줘.
　　 今手がふさがっていて電話に出られないから、メールで送って。

ずいぶんもったね

A 그 가방 오래되어 보이긴 해도 예쁘다.
そのバッグ、古そうだけど可愛いね。

B 응, 10년 전에 한국 여행 갔을 때 산 건데
아직도 쓸 만해.
うん、10年前に韓国旅行に行ったときに買ったんだけど、まだ使えるわ。

A (   ).
ずいぶんもったね。

B 그때 추억이 많아서 아직도 가끔 가지고 다녀.
あのときの思い出が多くて、今でもたまに使っているの。

Q.＿＿＿＿ を韓国語にすると、どれが正しいでしょうか?

① 오래 버텼네

② 오래 들었네

③ 오래 가졌네

④ 오래 갔네

プラスワン! 学習 -ㄹ/을 만하다

-ㄹ/을 만하다は「~する価値がある」という意味で使います。【例:그 영화는
볼 만합니다／その映画は見る価値があります】。また、「まだ大丈夫、十分に使
える」というときも使います。【例:이 음식 아직 상하지 않았어. 먹을 만해／こ
の食べ物まだ傷んでないよ。まだ食べられるわ】

① ずいぶんもったね
오래 버텼네

解説

① 오래 버텼네 27.7%

버티다は「耐える」「使える」という意味なので、「長くもった」は**오래 버텼다**と言います。**①**が
正解です。

〈例〉이 컴퓨터 하나로 5년 썼으면 오래 버텼네.
　　このパソコン1つで5年使ったなら長くもったね。

------

② 오래 들었네 13.8%

들다は「手に持つ」という意味のため、**오래 들었네**は「長く手に持っていた」という意味にな
ります。そのため、**②**は間違いです。

〈例〉가방이 무거우니 오래 들고 있지 말고 거기에 내려 놓지 그래?
　　かばんが重たいからずっと手に持たずにそこに置いたら?

------

③ 오래 가졌네 26.9%

가지다は「所有する」という意味のため「長く使った」という意味で使うのは間違いです。**오래**
가졌네は「長く所有した」という意味になりますが、所有の意味として使う場合は**가지고 있**
다と言います。

〈例〉그 목걸이 오래 가지고 있었네.　そのネックレス、長く持っていたね。

------

④ 오래 갔네 31.6%

分かち書きしない**오래가다**は「長もちする」という意味で使いますが、分かち書きした**오래**
가다は「長持ちする」という意味にはなりません。そのため、**④**は間違いです。また、**오래가네**
は過去形では使いません。

〈例〉이 건전지 오래가네.　この電池、長持ちするね。

90 調子がいい

Ⓐ 최근 한국어 관련 업계가 (   ) 이유가 뭘까?
最近韓国語業界の**調子がいい**理由はなんだろう?

Ⓑ 아무래도 넷플릭스의 영향이 크다고 봐.
やっぱりNetflixの影響が大きいんだと思う。

Ⓐ 그래? 하긴, 코로나 이후로 사람들이 집에서 드라마 보는 시간이 늘어났으니까.
そう?　たしかに、コロナ以降、みんな家でドラマを見る時間が増えたものね。

Ⓑ 게다가 한국에서 방송되고 나면 바로 다음날에 볼 수 있는 드라마도 많으니까 그럴 만도 하지.
それに、韓国で放送されてすぐ翌日には見ることができるドラマが多いからそうだろうね。

Q.＿＿＿＿を韓国語にすると、どれが正しいでしょうか?

❶ 잘 되어 있는

❷ 잘 되어 가는

❸ 잘 가는

❹ 잘 나가는

プラスワン！ 学習　**보다②**

보다は「見る」「受ける」「会う」「読む」以外に、「思う」「考える」という意味で使うことも多いです。【例：**저는 그 사람이 범인이라고 봅니다**／私はあの人が犯人だと思います】【例：**제가 그렇게 본 이유는 다음과 같습니다**／私がそう考えた理由は次の通りです】

STEP 4

207

正解 ④ 調子がいい　잘 나가는

正解率
19%

解説

① 잘 되어 있는　33.4%

잘 되어 있다は「ちゃんとできている」「完備している」という意味のため、「業界の調子がいい」という意味で使うには、**❶**は不自然です。

〈例〉난방시설이 잘 되어 있다.
暖房施設がちゃんと整っている。

---

② 잘 되어 가는　26%

잘 **되다**は「上手くなる」という意味のため、**❷**は間違いです。また、分かち書きをしない**잘되다**は「事が上手く進む」という意味ですが、**잘되어 가다**は「上手く進んでいく（途中）」という意味のため、**잘되어 가는**も不自然です。

〈例〉파티 준비가 잘되어 가고 있다.
パーティーの準備が（準備の終わりに向けて）上手く進んでいる。

---

③ 잘 가는　21.6%

잘 **가다**は「無事に行く」「無事に帰る」という意味のため、**❸**は間違いです。

〈例〉어제는 잘 갔어요?
昨日は無事に帰れましたか？

---

④ 잘 나가는　19%

잘 **나가다**は「上手く進む」というニュアンスで、「よく売れている」「調子がいい」という意味になります。そのため、**❹**が正解です。ちなみに、「人が売れている」と言う場合は分かち書きせずに**잘나가다**とするのが正しいです。

〈例〉그 배우, 출연한 영화가 히트치면서 요즘 잘나가잖아.
あの俳優、出演した映画がヒットしたから最近売れているよね。

91 (髪の毛が)ベタベタしている

Ⓐ 주말이라 늘어지게 자고 이제 일어났어.
週末だからぐっすり寝て今起きたよ。

Ⓑ 휴일에는 좀 퍼져 있어도 되지.
休日は少しゆっくり寝てていいんじゃない?

Ⓐ 근데 어제 머리를 안 감았더니 머리가 (   ).
けど、昨日髪の毛を洗わなかったら、髪の毛がベタベタしている。

Ⓑ 특별히 외출할 일이 없으면 신경 안 써도 되지
않아?
特に外出する予定がないなら、気にしなくていいんじゃない?

Q. _____を韓国語にすると、どれが正しいでしょうか?

① 떡졌다

② 기름졌다

③ 끈적였다

④ 말랑말랑해졌다

プラスワン! 学習　늘어지다／퍼지다

늘어지다は伸縮性のあるものが伸びるという意味ですが、家でゴロゴロすると
いう意味でも使います。【例:휴일이라 늘어져 있어／休日だからゴロゴロして
いる】。また、퍼지다は「移動せずにその場で休む」という意味で使います。【例:오
늘은 집에서 퍼져 있을래／今日は家でゆっくりしたいの】

正解 ① （髪の毛が）ベタベタしている
떡졌다

正解率 **19.5%**

解説

① 떡졌다 19.5%

떡지다는 **떡이 지다**를 略した言葉で、「餅のようにくっつく」という意味から「(髪の毛が)ベタベタする」と言うときに使います。そのため、❶が正解です。「(髪が)ベタベタする」は「ひとかたまりになる」という意味の**뭉치다**を使う場合もあります。

〈例〉자고 일어났더니 머리가 뭉쳤네. 감아야겠다.
　　寝て起きたら髪がベタベタしているな。洗わなくちゃ。

② 기름졌다 36.8%

기름지다는「脂っこい」という意味ですが、主に料理に使い、髪の毛の場合は**기름졌다**ではなく**기름기가 흐르다**と言います。そのため、❷は間違いです。

〈例〉머리가 기름기가 흐르네요.
　　髪の毛が脂っぽいです。

　　기름진 음식을 많이 먹으면 살이 찝니다.
　　脂っこい料理をたくさん食べると太ります。

③ 끈적였다 29.4%

끈적이다는「ネバネバする」という意味ですが、髪には使わないため、❸は間違いです。

〈例〉엿이 녹아서 끈적였다.
　　アメが溶けてネバネバした。

④ 말랑말랑해졌다 14.3%

말랑말랑하다は「ふわふわとやわらかい」様子を意味するため、**말랑말랑해졌다**は、「やわらかくなった」という意味になります。そのため、❹は間違いです。

〈例〉딱딱한 떡이 말랑말랑해졌다.
　　硬い餅がやわらかくなった。

92 目に入れても(痛くない)

Ⓐ 딸이 크면 뭐가 되고 싶대?
娘は大きくなったら何になりたいって?

Ⓑ 크면 걸그룹 멤버가 되고 싶대.
ガールズグループのメンバーになりたいそうよ。

Ⓐ 딸이 너무 귀여워서 (　　　　　　　　) 아프지
않을 정도니 걱정이겠네.
あまりに可愛くて**目に入れても**痛くないくらいだから心配だろう。

Ⓑ 아이들 꿈은 나중에 바뀌기도 하니까, 좀 더
지켜 봐야지.
子どもの夢はあとになって変わることもあるから、もう少し見守ら
ないとね。

Q.＿＿＿を韓国語にすると、どれが正しいでしょうか?

① 눈에 들어도

② 눈에 넣어도

③ 눈 안에 들어가도

④ 눈 안에 들어도

プラスワン! 学習　　**걸그룹**

アイドルグループはそのまま**아이돌 그룹**と言いますが、女性のみのアイドルグ
ループは**걸그룹**(ガールズグループ)と言います。ちなみに、芸能に限って「才能
がある」と言うときは**끼가 있다**と言います。【例:**걔 끼를 살려서 가수로 데뷔
했어**/あの子、才能を生かして歌手デビューしたよ】

正解　②　目に入れても（痛くない）
눈에 넣어도

正解率
46.8%

解説

---

① 눈에 들어도　23.9%

눈에 들다は「気に入る」「目をつける」という意味のため、❶は間違いです。

〈例〉상사 눈에 들었다.
　　　 上司に気に入られた。

- -

② 눈에 넣어도　46.8%

눈에 넣다は「目の中に入れる」という意味で、目薬などを目の中に入れるときに使います。日本語と同じように、「とても可愛がる」は**눈에 넣어도 아프지 않다**（目に入れても痛くない）と言うため、❷が正解です。

〈例〉안약을 눈에 넣고 나서 잘게요.
　　　 目薬を目にさしてから寝ます。

- -

③ 눈 안에 들어가도　14.2%

눈 안에 들어가다は「目の中に（何かが）入る」という意味のため、❸は間違いです。

〈例〉눈 안에 뭐가 들어갔어.
　　　 目に何か入った。

- -

④ 눈 안에 들어도　15.1%

-안에 들다は-(数字)위 **안에 들다**（〜位に入る）のように使います。**눈 안에 들어도**という言葉はありません。そのため、❹は間違いです。

〈例〉그 선수는 올림픽에서 3위 안에 들어서 동메달을 땄다.
　　　 その選手はオリンピックで3位に入り、銅メダルをとった。

93

帰った! 帰った!

Ⓐ 오늘따라 무슨 술을 그렇게 많이 마셔.

今日に限ってなんでそんなにお酒をたくさん飲むんだ。

Ⓑ 내가 요즘 좀 힘든 일이 많아. 네가 이해해라.

最近つらいことが多くて。わかってくれ。

Ⓐ 그래도 너무 많이 마셨어.
자 오늘은 여기까지. (　　　　　　)

それでも飲みすぎだよ。さあ、今日はもうお開きだ。<u>帰った!　帰った!</u>

Ⓑ 사람 냉정하긴. 오늘 재워 주면 안 될까?
아침까지 같이 마시자.

冷たいな。今日は泊めてくれないか?　朝まで一緒に飲もう。

Q._____を韓国語にすると、どれが正しいでしょうか?

① 이제 간다!

② 가라! 가!

③ 갔다! 갔다!

④ 간다! 간다!

プラスワン! 学習　-따라

-따라は「〜に限って」「〜は特に」という意味で、「今日」や「明日」など、日に関する言葉の後ろに付きます。【例:그날따라 비가 많이 왔어요／その日に限って特に雨がたくさん降りました】【例:오늘따라 음식이 맛있네요／今日は特に料理がおいしいですね】

正解 ② 帰った！ 帰った！ 가라! 가!

正解率 60.2%

解説

① 이제 간다! 14.5%

이제は「これから」「今から」という意味です。**간다**のように動詞の文章体を口語で使うと、相手に知らせるニュアンスになります。つまり、**이제 간다**は「今から行く」という意味になります。そのため、❶は間違いです。

〈例〉이 케이크 내가 먹는다!
　　このケーキは自分が食べるよ！（＝他の人は食べるな）

② 가라! 가! 60.2%

相手を促す場合、韓国語では命令形を繰り返す**-아/어라!**、**-아/어!**を使うことがあります。そのため、**가라! 가!**の❷が正解です。

〈例〉때려라! 때려! 　　　　　　殴りたいなら殴ってみろ！
　　내가 이야기하면 이쪽 좀 봐라! 봐! 　僕が話をしたらこっちを見ろってば！

③ 갔다! 갔다! 7%

過去形の**-았/었다**は、2回繰り返すと「やっと何かが終わった」というニュアンスになります。そのため、❸は間違いです。**갔다! 갔다!**は「やっと帰った！」という意味になります。

〈例〉찾았다! 찾았다!　やっと見つかった！

④ 간다! 간다! 18.3%

動詞の文章体は「相手に知らせるとき」以外に「驚いたとき」にも使うため、**간다! 간다!**は「これから本当に出発するぞ」という意味になります。そのため、❹は間違いです。

〈例〉와, 드디어 간다! 간다!　わあ、ついに行くぞ！

94

やってられない

Ⓐ 요즘 의욕도 없고 재미도 없다.

最近、やる気もないし、楽しくもない。

Ⓑ 뭔가 고민 있어? 나한테 말해 봐.

何か悩みがあるの？　私に話してよ。

Ⓐ 나는 열심히 하는데 회사에서 별로 안 좋은
소리 듣고 나니 더 이상 (　　　　　　　).

私は一生懸命やっているのに会社であまりよくない話を聞くから、
もう**やってられない**。

Ⓑ 그래? 그럼 더 좋은 데를 찾아 보는 게 낫지 않아?

そうなの？　じゃあもっといい職場を探したほうがいいんじゃない？

Q. ＿＿＿を韓国語にすると、どれが正しいでしょうか？

① 못 하는 것 같애

② 못 해 먹겠어

③ 할 수 없어

④ 할 수 없겠어

プラスワン！ 学習　　의욕

의욕(意欲)を使った表現はいくつあります。「**의욕이 꺾이다**／心が折れる」「**의욕이 사라지다**／やる気がなくなる」「**의욕이 생기다**／やる気が出る」。「やる気が出る」は-ㄹ/을 마음이 생기다(〜する気持ちが生まれる)とも言います。
【例：요즘 공부할 마음이 안 생겨／最近勉強する意欲が出ない】

解説

① 못 하는 것 같애　36.9%

못 하다は「下手だ」という意味で、못 하는 것 같애は「下手だと思う」という意味になります。そのため、❶は間違いです。ちなみに、같애は같아の口語です。

〈例〉노래를 너무 못 하는 것 같아.　歌が下手すぎると思う。

---

② 못 해 먹겠어　30.6%

못 -아/어 먹겠다は「〜していられない」という意味のため、❷が正解です。먹다は「食べる」という意味ですが、-아/어と一緒に使うと強調の意味になります。못 -아/어겠다（できそうにない）をさらに強調し、못 -아/어 먹겠다のように使います。ただし、俗語なので使い方に注意しましょう。

〈例〉이 일은 주말에도 출근해야 돼서 더 이상 못 해 먹겠어.
　　この仕事は週末も出社しないといけないので、これ以上やってられないよ。

---

③ 할 수 없어　13.2%

-ㄹ/을 수 없다は「できない」「仕方ない」という意味のため、❸は間違いです。

〈例〉할 수 없지. 포기하고 집에 가자.　仕方ないよ。あきらめて帰ろう。

---

④ 할 수 없겠어　19.3%

-ㄹ/을 수 없겠다は「〜できそうにない」という意味のため、❹は間違いです。

〈例〉내일 비가 온다니까 그 일을 할 수 없겠어.
　　明日雨が降ると言っているから、その仕事はできそうにない。

(場所を)とるから

Ⓐ **한국에서 화장품 많이 사 왔는데 좀 줄까?**
韓国で化粧品をたくさん買ってきたんだけど少しいる？

Ⓑ **나야 고맙지. 매번 여행 다녀올 때마다 고마워.**
嬉しい。いつも旅行に行くたびに、ありがとう。

Ⓐ **양이 많아서 책상에 두면 자리 (　　　　　　　)
종이 봉투에 넣어 둘게.**
量が多くて机に置いたら場所を**とるから**、紙袋にまとめておくね。

Ⓑ **고마워. 다음에 내가 답례로 밥 살게.**
ありがとう。今度お礼に食事をおごるね。

Q._____ を韓国語にすると、どれが正しいでしょうか？

① **잡으니까**

② **잡히니까**

③ **차지하니까**

④ **차지되니까**

プラスワン！ 学習　A(이)야 B지／답례

A(이)야 B지は「Aの立場からすると当然Bだ」という意味です。【例：**어려운 시험도 너야 문제 없지**／難しい試験も君だったら問題ないだろう】【例：**나야 힘들지**／私の立場からするとつらいんだよ】。また、답례は「お礼」という意味です。【例：お礼のあいさつを言う／**답례 인사를 하다**】

正解 ③ （場所を）とるから
차지하니까

正解率
19.4%

解説

① 잡으니까 25.6%

자리를 잡다は人が「座る」「場所をとる(確保する)」という意味のため、ものが場所をとるときには使いません。そのため、❶は間違いです。

〈例〉주말에 벚꽃 놀이 할 자리를 잡아 둬.
　　　週末に花見をする場所をとっておいて。

----

② 잡히니까 22.3%

자리가 잡히다は「定着する」「生活が安定する」という意味で使うため、❷は間違いです。

〈例〉이민 간 지 5년 넘어서 이제 자리 잡혔어.
　　　移民してから5年が過ぎてやっと定着したよ。

----

③ 차지하니까 19.4%

人が場所を確保する意味では**자리를 잡다**を使いますが、ものがスペースを占める場合には「**차지하다**」(占める)を使います。そのため、「場所をとる」は**자리를 차지하다**と言います。そのため、❸が正解です。

〈例〉책들이 책상 가득 자리를 차지하고 있다.
　　　本が机いっぱい場所をとっている。

----

④ 차지되니까 32.7%

차지하다は受け身の言葉にはできないので、**차지되다**という言葉はありません。そのため、❹は間違いです。

96 雨女

A 어라, 비 오는 거야? 모처럼 드라마 촬영지 와서 기분 좀 내려고 했는데.

え、雨？　せっかくドラマのロケ地に来て気分を出そうと思ってたのに。

B 그러게. 아침에는 날씨가 맑아서 괜찮을 줄 알았는데.

そうだね。朝は天気もよくて大丈夫だと思ったんだけど。

A 아무래도 나 (　　　　　　　　) 인가 봐.

やっぱり私、雨女かも。

B 조금만 저쪽 가서 비를 피해 보자. 소나기일 수도 있잖아.

少しだけあっちに行って雨宿りしよう。夕立ちかもしれないじゃない。

Q. ＿＿＿を韓国語にすると、どれが正しいでしょうか？

① 비를 내리는 여자

② 비를 뿌리는 여자

③ 비를 가지고 다니는 여자

④ 비를 몰고 다니는 여자

プラスワン！ 学習　**아무래도**

아무래도は**아무리 해도**（どうしても）の縮約形ですが、**아무리 생각해도**（どう考えても）、**아무리 노력해도**（いくら努力しても）というニュアンスでもよく使います。【例：**아무래도 이 문제는 못 풀겠어**／どんなに頑張ってもこの問題は解けないわ】

STEP 4

219

正解 ④ 雨女
비를 몰고 다니는 여자

正解率
21.4%

解説

① 비를 내리는 여자 18.4%

-을/를 내리다는「～を降ろす」「～を降らせる」という意味のため、비를 내리는は「雨を降らせる」という意味になります。そのため、❶は間違いです。

〈例〉비를 내리는 의식을 하고 있다.　雨を降らせる儀式をしている。
　　　기사님, 저기서 내려 주세요.　運転手さん、あそこで降ろしてください。

② 비를 뿌리는 여자 26.1%

뿌리다は「撒く」という意味で、비를 뿌리는 여자は「雨を撒く女」となるため、❷は間違いです。

〈例〉매일 화분에 물을 뿌려요.　毎日植木鉢に水を撒いています。

③ 비를 가지고 다니는 여자 34.1%

가지고 다니다は「持ち歩く」「携帯している」という意味です。雨は持ち歩けないので、❸は間違いです。

〈例〉항상 손소독제를 가지고 다닙니다.　いつも消毒液を持ち歩いています。

④ 비를 몰고 다니는 여자 21.4%

몰고 다니다は「連れていく」「運転していく」という意味です。雨男や雨女のように、「どこか行くたびに雨が降る」ことを비를 몰고 다니다(雨を連れて歩く、雨と一緒に行く)と言います。雨女は、❹비를 몰고 다니는 여자が正解です。

〈例〉비를 몰고 다니는 구름이 몰려오고 있다.　雨を含んだ雲が近づいてきている。
　　　팬을 몰고 다니는 스타.　ファンがついてくるスター。

97

言うべきこと

A 왜 그렇게 그 사람에게 끌려다녀?

なんでそんなにあの人の意見に引きずられているの？

B 나도 잘 모르겠어.
그 사람 앞에 가면 왠지 그렇게 돼.

私もよくわからないの。あの人の前に行くとなぜかそうなるの。

A 아닌 것은 아니라고 확실히 (　　　　　　　)은
해야지.

違うものは違うと**言うべきこと**ははっきり言わなきゃ。

B 나야 그렇게 하고 싶은데 막상 말하려면 잘 안 돼.

私はそうしたいんだけど、いざ言おうとすると上手くいかないの。

Q.＿＿＿を韓国語にすると、どれが正しいでしょうか？

① 할 말

② 하는 말

③ 문제 발언

④ 문제의 말

プラスワン！ 学習　끌다

끌다は「引く」、끌어내다は「引きずり出す」、끌고 다니다は「引きずる」「引きずり
回す」、끌려다니다は「引きずられる」「引きずり回される」という意味です。【例：
저 건물이 눈길을 끌어요／あの建物が目を引きます】【例：타인에게 끌려다니
는 인간／人に引きずり回される人間】

① 言うべきこと
할 말

解説

① 할 말 67%

「言うべきことを言う」は**할 말을 하다**と言います。そのため、**❶**が正解です。

〈例〉**나도 이제 할 말은 하고 살아야겠어.**
　　　私もこれからは言うべきことは言って、生きなくちゃ。

② 하는 말 21.6%

하는 말は「言うこと」という意味のため、**❷**は間違いです。

〈例〉**지금부터 내가 하는 말 잘 들어.**
　　　今から私が言うことをよく聞きなさい。

③ 문제 발언 6.4%

문제 발언は「問題発言」という意味のため、**❸**は間違いです。

〈例〉**지금 한 말, 문제 발언입니다.**
　　　今言ったこと、問題発言です。

④ 문제의 말 5%

문제의 말は「(以前)問題になった発言」という意味のため、**❹**は間違いです。ちなみに、**문제의 말**は、やや不自然なため、「(以前)問題になった発言」と言う場合は、**문제가 됐던 말、문제가 됐던 발언**にしたほうが自然です。

〈例〉**지난번 회의 때 문제가 됐던 말은 이겁니다.**
　　　この間の会議のときに問題になった発言はこれです。

98

認めず

(A) 요즘 마스크가 부족해서 난리래.
最近マスクが不足していて大変なんだって。

(B) 그래? 난 천 마스크를 쓰고 있는데.
そうなの？　私は布マスクを使ってるよ。

(A) 그런데 '정부 의료용 마스크 착용 의무화.
천 마스크는 (　　　　　).' 라는 제목의 기사가 났어.
けど、「政府、医療用マスクの着用を義務化。布マスクは**認めず**」
というタイトルの記事が出たよ。

(B) 아~, 천 마스크는 감염예방이 잘 안 되나 보네.
나도 어쩔 수 없이 바꿔야겠네.
あ～、布マスクは感染予防が上手くできないのかもね。
仕方がないから私も変えないと。

Q.＿＿＿＿を韓国語にすると、どれが正しいでしょうか？

① 인정 않고

② 인정 안해

③ 인정 않음

④ 인정 못하고

プラスワン！ 学習　　**난리**

난리(乱離)は「大騒ぎ」という意味です。【例：**바이러스 때문에 온 세계가 난
리예요**／ウイルスのせいで世界中が大騒ぎです】。「騒ぐ」は**난리를 떨다**、他に
법석을 떨다とも言います。【例：**지갑이 없어졌다고 법석을 떨어서 소란스럽
다**／財布がなくなったと騒いでうるさい】

解説

① 인정 않고　6.5%

-고は終結語尾として使えません。そのため、❶は間違いです。

〈例〉A는 인정하지 않고 B만 인정돼.
　　　Aは認められずBだけが認められるよ。

- -

② 인정 안해　21.1%

記事のタイトルは-아/어で終わることがあります。**안 해**は**하지 않아**の口語で、会話などで使いますが、記事などのタイトルでも使います。そのため、❷が正解です。

〈例〉나 이제 그 일 안 해.
　　　私、もうその仕事はしないよ。

　　　모두 할 필요 없어.
　　　みんながする必要ないよ。

- -

③ 인정 않음　62.2%

-ㅁ/음は用言の名詞形で、終結語尾として使うことはありますが、記事のタイトルとしては使いません。保険の規約や契約書などでは使われます。そのため、❸は間違いです。

〈例〉<유의사항>고의의 경우에는 보험사는 사고로 인정 안 함.
　　　<留意事項>故意の場合は、保険会社は事故として認めず。

- -

④ 인정 못하고　10.2%

-고は終結語尾として使えません。そのため、❹は間違いです。**인정 못해**（認められず）なら記事のタイトルとしてOKです。

99 勉強することになるわけだ

(A) 왜 이렇게 단어가 잘 안 외워질까?

なんでこんなに単語がよく覚えられないんだろう？

(B) 원래 단어 외우는 게 힘들어.

もともと単語を覚えるのは大変だよ。

(A) 그럼 지치지 않도록 하루에 10분씩이라도 꾸준히 할까?

じゃあ疲れないように1日に10分ずつでも地道にやろうか？

(B) 하루 10분이라도 1년이면 3650분 (　　　　　　　　).

1日10分でも、1年だと3650分**勉強することになるわけだ。**

Q._____を韓国語にすると、どれが正しいでしょうか？

① 공부하게 될 셈이다

② 공부하게 되는 셈이다

③ 공부하게 될 뜻이다

④ 공부하게 되는 뜻이다

プラスワン！ 学習　-아/어지다

他動詞の語幹に**-아/어지다**を付けると可能の意味の「自動詞」になります。
-을/를 외우다（〜を覚える）→ **-이/가 외워지다**（〜が覚えられる）。【例：**단어는 문장과 같이 외우면 쉽게 외워집니다**／単語は文章と一緒に覚えると簡単に覚えられます】

正解 ② 공부하게 되는 셈이다

解説

① 공부하게 될 셈이다　33.2%

-ㄹ/을 셈이다は「～するつもりだ」という意味で意志を表します。そのため、❶は間違いです。

〈例〉그렇게 비싼 물건을 버릴 셈이야?
　　 そんなに高いものを捨てるつもりなの?

② 공부하게 되는 셈이다　24.8%

-는 셈이다は「～するわけだ」「～する計算だ」という意味のため、❷が正解です。

〈例〉지금 포기하면 결국 돈을 버리게 되는 셈이다.
　　 今あきらめると結局お金を捨てることになるわけだ。

③ 공부하게 될 뜻이다　27.8%

-게 될 뜻이다という言葉はありません。そのため、❸は間違いです。뜻は-는 뜻으로(～の意味で)のように使うことはできます。

〈例〉합격을 축하하는 뜻으로 저녁은 내가 살게.
　　 合格を祝う意味で夕食は私がおごるよ。

④ 공부하게 되는 뜻이다　14.2%

-게 되는 뜻이다という言葉はありません。そのため、❹は間違いです。引用として-게 된다는 뜻이다(～になるという意味だ)のように使うことはできます。

〈例〉그 시험에 붙으면 변호사로 일하게 된다는 뜻이지.
　　 その試験に受かったら弁護士として働くことになるという意味だよ。

次のことがわかる

Ⓐ 최근 조사에 따르면 K-POP에 대해
( )고 해요.
最近の調査によるとK-POPについて**次のことがわかる**そうです。

Ⓑ 어떤 것이죠?
どんなことですか?

Ⓐ K-POP을 좋아하는 연령층이 점점 낮아지고
있다는 걸요.
K-POPを好きな年齢層がどんどん低くなっているということです。

Ⓑ 아, 그렇군요. 그래서 신오쿠보 거리가 그렇게
젊은이들로 붐비는군요.
あ〜、そうなんですね。だから新大久保の通りがあんなに若者で
いっぱいなんですね。

Q. _____を韓国語にすると、どれが正しいでしょうか?

❶ 다음을 안다

❷ 다음 것을 안다

❸ 다음을 알 수 있다

❹ 다음 것을 알 수 있다

プラスワン！ 学習　-에 따르면

「〜によると」は-에 따르면、-에 의하면と言います。【例：발표에 의하면 다음
달에 콘서트를 할 거래／発表によると来月にライブをするんだって】。引用表
現には他にも、「내가 듣기에는=듣기로는／私が聞くには」「내가 알기에는=
알기로는／私が知っている限りでは」などがあります。

③ 次のことがわかる
다음을 알 수 있다

解説 ────────────

① 다음을 안다 5.3%

안다は「〜について知っている」という意味です。そのため、❶は間違いです。

〈例〉그 사람은 한국문화에 대해 잘 안다.
　　 その人は韓国文化についてよく知っている。

----

② 다음 것을 안다 17.4%

日本語では「次のこと」のように「名詞＋のこと」と言いますが、韓国語では「〜のこと」と言うとき、것は必要ありません。そのため、❷は間違いです。

〈例〉너를 좋아해.
　　 あなたのことが好きだ。
　　 ※너의 것을 좋아해. とは言いません。

----

③ 다음을 알 수 있다 29.2%

알 수 있다は「知ることができる」という意味で、「〜がわかる」など調査結果を発表するときに使います。そのため、❸が正解です。

〈例〉이 기사를 통해 한국의 출산율이 떨어지고 있음을 알 수 있다.
　　 この記事を通して韓国の出産率が落ちていることがわかる。

----

④ 다음 것을 알 수 있다 48.1%

-을/를 알 수 있다は「〜がわかる」で合っていますが、것が必要ないので、❹は間違いです。

日本語と韓国語の現在形、過去形、未来形

　日本語では未来について話すとき、現在形を用いることができますが、韓国語では必ず未来形を用いる必要があります。

＜例＞
　明日学校に行く。
　　➡日本語では動詞の原形をそのまま使う。
　내일 학교에 갈게요.
　　➡韓国語では動詞を未来形(-ㄹ/을게요)にする。

　しかし、日本語ネイティブは、韓国語で未来のことを言うときも現在形を使う傾向があります。

＜例＞
　A: 이 일은 언제 할 거예요?
　　この仕事はいつしますか?
　B: 그건 내일 해요.　　　　　✕
　　それは明日やります。

　Bは間違った表現です。この場合、正しくは**그건 내일 할게요**です。韓国語では、用言を使うとき、時制を厳密に守る必要があるということを覚えておきましょう。

　他にも気をつけたいのが過去形です。
　過去に起きたことが今も続くときを表す「〜している」を韓国語に訳す場合は過去形を用います。韓国語の過去形は、今もその過去が続いているという持続の意味も含まれるのです。

<例>

  A: 그 영화에 대해서는 잘 아세요?
    その映画についてよく知っていますか？

  B: 이야기는 많이 <u>들었어요</u>.
    話はたくさん聞いています。

「聞いています」を直訳して**듣고 있었어요**と言うのは不自然です。

<例>

  A: 숙제 했어?
    宿題やった？

  B: 아니, 아직 <u>안 했어</u>.
    いや、まだやっていない。

　この場合も「まだやっていない」を直訳して**아직 안 해**と言うのは不自然です。

「〜していない」は、単純な過去形にするのが自然なので、会話をするときには気をつけましょう。

「プラスワン！ 学習」索引

著者紹介

金玄謹 (キム・ヒョングン)

ミリネ韓国語教室代表。
1974年韓国生まれ。大学でコンピューターを学ぶ学科を専攻し、卒業後プログラマーとして働く。2000年に来日し、日本で働きながら韓国の代表的なサイトDAUM でブロガーとして活躍、日本語学習コミュニティサイトも運営する。その後、日本専門インターネットニュースサイト (http://jpnews.kr)で編集部チーム長兼記者を経て、2010年に株式会社カオンヌリを設立し、ミリネ韓国語教室を開く。著書に『韓国語リーディング タングニの日本生活記』『韓国語リーディング タングニの韓国人生劇場』(ともに白水社)、ミリネ韓国語教室著として『hana の韓国語単語〈入門・初級編〉』『hana の韓国語単語〈初中級編〉』『hana の韓国語単語〈中級編〉』(ともに HANA)。韓国での著書多数。

● ミリネ韓国語教室
https://www.mirinae.jp

ネイティブ表現が身につく！
クイズで学ぶ韓国語 〈検印省略〉

2021年 11 月 30 日　第 1 刷発行
2022年 1 月 26 日　第 2 刷発行

著　者——金 玄謹 (キム・ヒョングン)
発行者——佐藤 和夫

発行所——株式会社あさ出版
　　　　〒171-0022　東京都豊島区南池袋 2-9-9 第一池袋ホワイトビル 6F
　　　　電　話　03 (3983) 3225 (販売)
　　　　　　　　03 (3983) 3227 (編集)
　　　　F A X　03 (3983) 3226
　　　　U R L　http://www.asa21.com/
　　　　E-mail　info@asa21.com

　　　　印刷・製本 (株) シナノ

　　　　note　　　http://note.com/asapublishing/
　　　　facebook　http://www.facebook.com/asapublishing
　　　　twitter　　http://twitter.com/asapublishing

©Kim Hyun Geun 2021 Printed in Japan
ISBN978-4-86667-321-9 C0087